SAY IT IN
INDONESIAN (MALAY)

by Professor John U. Wolff

Cornell University

DOVER PUBLICATIONS, INC.
New York

The Dover *Say It* series is prepared under the editorial supervision of R. A. Sorenson.

Special thanks to Ismet Fanany, of Batu Sangkar, Sumatra Barat, for checking every item given here.

Published in Canada by General Publishing Company, Ltd., 30 Lesmill Road, Don Mills, Toronto. Ontario.
Published in the United Kingdom by Constable and Company, Ltd.

Say It in Indonesian (Malay) is a new work, first published by Dover Publications, Inc., in 1983.

Manufactured in the United States of America
Dover Publications, Inc.
180 Varick Street
New York, N.Y. 10014

Library of Congress Cataloging in Publication Data

Wolff, John U.
  Say it in Indonesian (Malay)
  (Dover "say it" series)
  Includes index.
  1. Indonesian language—Conversation and phrase books—English. I. Title.
PL5075.W6 1983   499'.2883421   82-12968
ISBN 0-486-24424-5

TABLE OF CONTENTS

INTRODUCTION

Indonesian (Bahasa Indonesia) is the official language of the Republic of Indonesia. It is also the official language of Malaysia and Brunei, where it is called Malay (Bahasa Malaysia), and is one of the official languages of Singapore. Indonesian (or Malay) varies slightly from area to area and from country to country, much like English in the United States, Britain, Australia, and elsewhere. Essentially, though, Indonesian and Malay are the same language wherever they are spoken, and the phrases included in this book will be understood everywhere in Indonesia, Malaysia, and Brunei.

As the official language, Indonesian is used for all public purposes (schools, offices, the mass media, and so forth). It is the language of the street and of social conversation in most urban areas, and in other areas where Indonesian is the first language. In many parts of Indonesia there are also regional languages which are entirely different from Indonesian. In Java, for example, Javanese is spoken in the central and eastern portions while Sundanese is spoken in the West (although Indonesian is the first language in Jakarta). Balinese is spoken in Bali, Batak is the language of the Sumatran highlands, and so on. Even where the first language is a regional language, however, the vast majority of the population also speaks and has frequent occasion to use Indonesian. Nearly everyone who comes into contact with travelers is likely to know Indonesian well.

NOTES ON THE USE OF THIS BOOK

The words, phrases and sentences in this book have been selected to provide for the communications needs of the traveler or foreign resident in Indonesia, and they have been divided into sections corresponding to the situations likely to be encountered in travel and in daily life. The sentences and terms in this book are presented in such a way that many of the principles of Indonesian sentence formation may be inferred. By using the index and the terms provided in each section, you will be able to substitute new words into the patterns given and still form good, understandable Indonesian sentences. Square brackets are used to indicate words for which substitutions can be made with the aid of the index, a guidebook, or a bilingual dictionary. In other sentences, you can substitute words immediately following a word in square brackets (in the same sentence or in the indented entries below it). For example, the entry

Turn [left] [right] at the next corner

provides two sentences: "Turn left at the next corner" and "Turn right at the next corner." Three sentences are provided by the entries

Give me a seat [on the aisle].
—by a window.
—by the emergency exit.

Brackets may also indicate an optional component in the sentence, which may or may not be used according to the meaning desired, as in

I [do not] understand.

While brackets indicate the possibility of substitution, parentheses have been used to indicate synonyms or alternative usage for an entry, such as

How are you? (OR: How are things?)

Parentheses are also used to clarify a word or explain some nuance of meaning that may be implicit in either the English or the Indonesian phrase. The abbreviation LIT. precedes a parenthetical literal translation of the Indonesian phrase when it differs materially from the English wording.

It will be useful for you to know that Indonesian has no grammatical gender. Thus, there is only one word (dia, *DEE-ya*) for "he" and "she," and the Indonesian equivalent of a sentence which includes "he" or "she" in English will usually be the same for both sexes. When a title of respect is used, however, this is not the case, and the abbreviation TO M. will indicate the variant used when addressing men, and TO F. that used when addressing women.

Indonesian does not have any articles (a, an, the), and does not normally use any form of the verb "to be" in the present tense. Thus, the sentence "I am a teacher" includes only the words for "I" and "teacher": Saya guru (*SA-ya GOO-roo*). You can construct simple declarative sentences of this type without further study. But *Say It in Indonesian* is a phrasebook and not a textbook, and though it can serve as a useful introduction to spoken Indonesian, those who wish to learn the language thoroughly are advised to provide themselves with the standard textbook, *Beginning Indonesian*, which was prepared by the author of this phrasebook. The text is available from the Southeast Asian Program at Cornell University.

While many sections in this book are alphabetized according to the English entries, lists of terms that you are likely to encounter written in Indonesian (foods, public notices, etc.) are alphabetized according to the Indonesian for quick and easy reference. You will find the extensive index at the end of the book especially helpful. Capitalized items in the index refer to the section headings and give the page numbers on which the sections begin. All other numbers refer to the individual *entries*, which have been numbered consecutively throughout the book. You can use the index to make substitutions and to find words and phrases at a glance.

PRONUNCIATION

Indonesian pronunciation does not offer great difficulty for speakers of Western languages. The relationship between the sounds and the letters used in writing is close (even though there is not a complete one-to-one correspondence), and the word accentuation is predictable. For this reason, learning to infer the pronunciation from the Indonesian spelling is not difficult. For the convenience of the user, however, a phonetic transcription is provided for each phrase in this book.

CONSONANTS

There are twenty-three consonant sounds in Indonesian (some spelled with more than one letter). They are presented here in English alphabetical order for the reader's convenience.

Indonesian Spelling	Transcription	Remarks
b	b	as in *bed.*
c	ch	as in *child.*
d	d	as in *dog.*
f	f	as in *far,* never as in *of.*
g	g	as in *girl,* never as in *George.*
h	h	*h* is pronounced between like vowels: *tambahan,* "additional," is pronounced *tam-B4-han.* *h* is also pronounced at the *end* of a word or syllable (with rare exceptions). Note that there is a noticeable puff of air at the end of a word like *sudah,* "already," which is transcribed *SOO-dah.* When *h* is written between unlike vowels, it is not pronounced: *lihat,* "see," is pronounced *LEE-yat.*
j	j	as in John.

Indonesian Spelling	Transcription	Remarks
k	k, q	k at the beginning or in the middle of a word is pronounced as in English skin. It is not followed by aspiration (puff of air) as it is in English king. At the end of a word it is pronounced as a glottal stop, a sound like the break represented by the hyphen in English oh-oh, the exclamation one utters when something goes wrong. This sound is transcribed by q: bapak, "father," is pronounced BA-paq. The q sound is also obligatory in the middle of certain words (often those borrowed from Arabic); it is included in the transcription in such cases.
kh	kh	like the ch in Scottish "loch" or German "ach."
l	l	as in lake.
m	m	as in may.
n	n	as in no.
ng	ng	ng may occur at the beginning, as well as the middle and end of a word. ng is always pronounced like the ng in sing, never as in finger. The sound which comes in the middle of finger is spelled and transcribed ngg; tunggu, "wait," is pronounced TOONG-goo.

ny	ny	as in canyon.
p	p	as in spy; it is not followed by aspiration (puff of air) as in English pen.
r	r	a trilled sound produced with the tip of the tongue.
s	s	as in sit, never as in rose.
sy	sh	as in shall.
t	t	as in stall; it is not followed by aspiration (puff of air) as in English tie.
v	f	as in far, never as in of.
w	w	as in woo.
y	y	as in you. Both w and y sounds often occur between vowels without appearing in the Indonesian spelling. In such cases w and y are included in the transcription.
z	z	as in zoo.

VOWELS AND DIPHTHONGS

There are six vowel sounds and four diphthongs. In some cases the same spelling may refer to two different sounds; such instances are always reflected in the transcription.

Indonesian Spelling	Transcription	Remarks
a	a	always as in father, never as in bad or shade.
e	e, ŭ, —, ey	e represents two sounds: (1) the vowel in English bed; (2) the vowel in English skillet. The first sound is transcribed e and the second one ŭ. In certain positions e is not pronounced and will be left out of the transcription. (There is no hard and fast boundary between e pronounced as ŭ and a silent e; occasionally the same word will be transcribed with both variants in different contexts). At the end of a word e may sound like the ey in they and be so transcribed.
o, au	o	as in so.
i	ee	as in seed.
u	oo	as in noon.

ai, ahi	ie	as in *tie*.
ai, ey	ey	as in *they*. Note that Indonesian *ai* can represent either *ie* or *ey*.
au, ahu	ow	as in *cow*.
oi	oi	as in *coin*.

PRONUNCIATION

STRESS AND ACCENT

In our transcription system, syllables are separated by hyphens, and the stressed (accented) syllable in each word is printed in capital letters. Stress in Indonesian, with one exception, falls on the second syllable before the end of a word. For example, *restoran*, "restaurant," is pronounced *res-TO-ran*, and *guru*, "teacher," is pronounced *GOO-roo*. The exception is words with an *ŭ* sound (spelled *e*) in the second-to-last syllable. In such cases the stress is placed on the last syllable; *besar*, "big," is pronounced *bŭ-SAR*, and *empat*, "four," is pronounced *ŭm-PAT*.

Indonesian also has a sentence accent. Every sentence has one word which is accented (spoken more forcefully than others in the sentence), and placement of this accent is very important to understanding the meaning of the sentence. In our transcription, the word which receives the sentence accent is printed in boldface letters; the stressed syllable in this word is in boldface capitals. For example, in the sentence *Saya guru*, "I am a teacher," the word *guru* must receive sentence stress. This is transcribed *SA-ya GOO-roo*. (One-syllable words are generally not capitalized in our transcription, except when they receive sentence stress or the main stress in a phrase.)

We have not been able to give a complete account of Indonesian pronunciation here, especially since it varies considerably from speaker to speaker (those whose native language is Balinese, Sundanese, Batak or any of about 200 other languages of Indonesia often introduce features of their own language into Indonesian when they speak it). There are also exceptions to the rules we give here; they are generally reflected in the transcription.

EVERYDAY PHRASES

1. **Hello** (OR: **Hi**). Hai. *hey.*

2. **Good day.** Selamat siang. *SLA-mat SEE-yang.*

3. **Good morning.** Selamat pagi. *SLA-mat PA-gee.*

4. **Good afternoon.** Selamat sore. *SLA-mat SO-re.*

5. **Good evening** (OR: **Good night**).
Selamat malam. *SLA-mat MA-lam.*

6. **Good night** (OR: **Sleep well**).
Selamat tidur. *SLA-mat TEE-door.*

7. **Welcome.** Selamat datang. *SLA-mat DA-tang.*

8. **Goodbye (said by the person leaving).**
Permisi. *pŭr-MEE-see.*

9. **Goodbye (said to someone leaving).** Mari. *MA-ree.*

10. **See you later.** Sampai nanti. *SAM-pey NAN-tee.*

11. **Yes.** Ya. *ya.*

12. **No.** Tidak. *TEE-daq.*

13. **Perhaps** (OR: **Maybe**). Barangkali. *ba-rang-KA-lee.*

14. **Please (on offering something).**
Silakan. *see-LA-kan.*

15. **Please (on asking a favor).** Tolong. *TO-long.*

16. **Allow** (OR: **Excuse**) **me.** Permisi. *pŭr-MEE-see.*

17. **Pardon me** (OR: **I am sorry**). Maaf. *MA-qaf.*

18. **Thanks [very much].**
Terima kasih [banyak]. *TREE-ma KA-see [BA-nyaq].*

19. **You are welcome** (OR: **Don't mention it**).
Kembali. *kŭm-BA-lee.*

20. **Good.** Baik. *BA-eeq.*

21. It doesn't matter.
Tidak apa-apa. *TEE-da^q a-pa-A-pa.*

22. Don't bother.
Sudah. Terima kasih. *SOO-dah. TREE-ma KA-see.*

23. Thank you for your [kindness] [help].
Terima kasih atas [kebaikannya] [bantuannya].
TREE-ma KA-see A-tas [kŭ-bie-KAN-nya] [ban-too-WAN-nya].

24. Please come in.
Silakan masuk. *see-LA-kan MA-soo^q.*

25. Come here.
Mari sini dulu. *MA-ree SEE-nee DOO-loo.*

26. Come with me.
Ikut saya dulu. *EE-koot SA-ya DOO-loo.*

27. Come back later.
Kembali lagi, ya? *kŭm-BA-lee LA-gee, ya?*

28. Come early. Cepat datang. *chŭ-PAT DA-tang.*

29. Wait a minute.
Tunggu sebentar. *TOONG-goo sŭ-bŭn-TAR.*

30. Wait for us.
Tunggu kami, ya? *TOONG-goo KA-mee, ya?*

31. Not yet. Belum. *bloom.*

32. Not now. Bukan sekarang. *BOO-kan SKA-rang.*

33. Later. Nanti saja. *NAN-tee SA-ja.*

34. Listen! Dengar! *dŭ-NGAR!*

35. Look out! Awas! *A-was!*

36. Be careful. Hati-hati. *ha-tee-HA-tee.*

SOCIAL PHRASES

37. May I introduce [Mrs. Arifin].
Ini kenalkan [Nyonya Arifin].
EE-nee kŭ-NAL-kan [NYO-nya a-REE-feen].

38. —Miss Green. —Nona Green. *—NO-na "Green."*

39. —Mr. Sanusi. —Pak Sanusi.* *—paq sa-NOO-see.*

40. —Mr. Jones. —Tuan Jones. *—TOO-wan "Jones."*

41. How are you? (OR: How are things?)
Bagaimana kabarnya? *ba-gey-MA-na ka-BAR-nya?*

42. Very well, thanks, and you?
Baik-baik saja, [(TO M.) bapak] [(TO F.) ibu] bagaimana?
ba-eek-BA-eek SA-ja, [BA-paq] [EE-boo] ba-gey-MA-na?

43. All right (OR: Fine). O, baik. *o, BA-eeq.*

44. So, so. Lumayan (OR: Begitulah).
loo-MA-yan (OR: bŭ-GEE-too-lah).

45. What's new? Ada kabar apa? *A-da KA-bar A-pa?*

46. Please have a seat. (OR: Won't you sit down?)
Silakan duduk. *see-LA-kan DOO-dooq.*

47. It's a pleasure to see you again.
Senang kita ketemu lagi, ya?
sŭ-NANG KEE-ta kŭ-tŭ-MOO LA-gee, ya?

48. Congratulations. Selamat, ya. *SLA-mat, ya.*

49. All the best. Selamat, deh. *SLA-mat, deh.*

50. I like you very much (LIT.: I am very happy).
Saya senang sekali. *SA-ya sŭ-NANG SKA-lee.*

---

* *Pak* is short for *bapak*, "father," a title of respect given to Indonesian men. The feminine form is *Ibu*, "mother" (short form *Bu*).

51. I love you.   Aku cinta sama kamu.
*A-koo CHEEN-ta SA-ma **KA-moo**.*

52. May I see you again?   Apa bisa kita ketemu lagi?
A-pa BEE-sa KEE-ta kŭ-tŭ-MOO LA-gee?

53. Shall we get together next week?
Bagaimana kalau ketemu lagi minggu depan?
***ba-gey-MA-na** KA-low kŭ-tŭ-MOO LA-gee MEENG-goo*
dŭ-PAN?

54. Give my regards to [your friend].
Salam buat [temannya].
*SA-lam BOO-wat [**tŭ-MAN-nya**].*

55. —your mother.   —ibu.   *—EE-boo.*

BASIC QUESTIONS

56. What?   Apa?   *A-pa?*

57. What did you say? (OR: **How's that?**)
Bagaimana?   *ba-gey-MA-na?*

58. What is [that] [this]?
Apa [itu] [ini]?   *A-pa [EE-too] [EE-nee]?*

59. What must I do?
Saya harus buat apa?   *SA-ya HA-roos BOO-wat A-pa?*

60. What is the matter?   Ada apa?   *A-da A-pa?*

61. What do you want?   Mau apa?   *mow A-pa?*

62. When?   Kapan?   *KA-pan?*

63. When does it [leave]?
Kapan [berangkatnya]?   *KA-pan [brang-KAT-nya]?*

64. —arrive.   —sampainya.   *—sam-PEY-nya.*

65. —begin.   —mulainya.   *—moo-LIE-nya.*

66. **—end.** —selesainya. *—sŭ-lŭ-SEY-nya.*

67. **Where (is it)?** Di mana? *dee MA-na?*

68. **Why?** Kenapa? (OR: Mengapa?)
kŭ-NA-pa? (OR: *mŭ-NGA-pa?*)

69. **How?** Bagaimana? *ba-gey-MA-na?*

70. **How long?** Berapa lama? *BRA-pa LA-ma?*

71. **How far?** Berapa jauh? *BRA-pa JOWH?*

72. **How much?** (OR: **How many?**) Berapa? *BRA-pa?*

73. **How do you do it?** (LIT.: **How is it done?**)
Bagaimana dikerjakan?
ba-gey-MA-na dee-kŭr-JA-kan?

74. **How does it work?** Bagaimana berfungsinya?
ba-gey-MA-na bŭr-foong-SEE-nya?

75. **Who?** Siapa? *see-YA-pa?*

76. **Who are you?** [(TO M.) Bapak] [(TO F.) Ibu] siapa?
[BA-paᑫ] [EE-boo] see-YA-pa?

77. **Who is [that boy** (OR: **girl)]?**
[Anak itu] siapa? *[A-naᑫ EE-too] see-YA-pa?*

78. **—this man.** Bapak ini —. *BA-paᑫ EE-nee —.*

79. **—that woman.** Ibu itu —. *EE-boo EE-too —.*

80. **Am I [on time] [early] [late]?**
Apa saya [pada waktunya] [cepat] [lat]?
A-pa SA-ya [PA-da wak-TOO-nya] [chŭ-PAT] [LAT]?

TALKING ABOUT YOURSELF

81. **What is your name?**
Namanya siapa? *na-MA-nya see-YA-pa?*

82. **I am Mr. Sanusi.** Sanusi. *sa-NOO-see.*

83. My name is [Andi].
Nama saya [Andi].   *NA-ma SA-ya [AN-dee].*

84. I am [21] years old.
Umur saya [duapuluh satu] tahun.
OO-moor SA-ya [doo-wa-POO-looh SA-too] TOWN.

85. I am [an American].
Saya [orang Amerika].   *SA-ya [O-rang a-me-REE-ka].*

86. My address is [19 Salemba Street, Jakarta].
Alamat saya, [Jalan Salemba sembilan belas, Jakarta].
a-LA-mat SA-ya, [JA-lan sa-LEM-ba sŭm-BEE-lan blas, ja-KAR-ta].

87. I am [a student].
Saya [mahasiswa].   *SA-ya [ma-ha-SEES-wa].*

88. —a teacher. —guru.   *—GOO-roo.*

89. —a businessman. —pengusaha.   *—pŭ-ngoo-SA-ha.*

90. What is your occupation?
[(TO M.) Bapak] [(TO F.) Ibu] kerja apa?
[BA-paq] [EE-boo] kŭr-JA A-pa?

91. I am a friend of [Sihombing's].
Saya teman [Sihombing].
SA-ya tŭ-MAN [see-HOM-beeng].

92. He works for [Pertamina].
Dia bekerja di [Pertamina].
DEE-ya bŭ-kŭr-JA dee [pŭr-ta-MEE-na].

93. I am here [on a vacation].   Saya ke sini [berlibur].
SA-ya kŭ SEE-nee [bŭr-LEE-boor].

94. —on a business trip. —untuk urusan dagang.
—OON-tooq oo-ROO-san DA-gang.

95. I have been here [one week].
Saya sudah [seminggu] di sini.
SA-ya SOO-dah [sŭ-MEENG-goo] dee SEE-nee.

96. We plan to stay here until [Friday].
Kami di sini sampai [hari Jumat].
*KA-mee dee SEE-nee SAM-pey [HA-ree **JOOM-^{q}at**].*

97. I am traveling to [Denpasar].
Saya melawat ke [Denpasar].
*SA-ya mŭ-LA-wat kŭ [**den-PA-sar**].*

98. I am in a hurry.
Saya tergesa-gesa. *SA-ya tŭr-gŭ-sa-**gŭ-SA**.*

99. I am [cold].
Saya [dingin] ini. *SA-ya [**DEE-ngeen**] EE-nee.*

100. —warm. —panas. *—**PA-nas.***

101. —hungry. —lapar. *—**LA-par.***

102. —thirsty. —haus. *—**HOWS.***

103. —busy. —sibuk. *—**SEE-boo^{q}.***

104. —tired. —capek. *—**CHA-pe^{q}.***

105. I am [glad] [disappointed]. Saya [senang] [kecewa].
*SA-ya [**sŭ-NANG**] [**kŭ-CHE-wa**].*

106. I cannot do it.
Saya tidak bisa. *SA-ya TEE-da^{q} **BEE-sa.***

107. We are [unhappy] [angry].
Kami [tidak senang] [marah].
*KA-mee [TEE-da^{q} **sŭ-NANG**] [**MA-rah**].*

MAKING YOURSELF UNDERSTOOD

108. Do you speak [English]?
Bisa berbahasa [Inggeris]?
*BEE-sa bŭr-ba-HA-sa [**EENG-grees**]?*

109. Where is [English] spoken?
Di mana ada orang yang bisa berbahasa [Inggeris]?
dee MA-na A-da O-rang yang BEE-sa bŭr-ba-HA-sa
[EENG-grees]?

110. Does anyone here speak [French]?
Ada yang bisa berbahasa [Perancis] ini?
A-da yang BEE-sa bŭr-ba-HA-sa [PRAN-chees] EE-nee?

111. I read only [Italian].
Saya hanya bisa membaca [bahasa Italia].
SA-ya HA-nya BEE-sa mŭm-BA-cha [ba-HA-sa
ee-TAL-ya].

112. I speak a little [German].
Saya bisa berbahasa [Jerman] sedikit-sedikit.
SA-ya BEE-sa bŭr-ba-HA-sa [JER-man] sdee-keet-
SDEE-keet.

113. Speak more slowly.   Pelanan bicaranya sedikit!
PLA-nan bee-cha-RA-nya SDEE-keet!

114. I [do not] understand.
Saya [tidak] mengerti.   *SA-ya TEE-daq mŭ-ngŭr-TEE.*

115. Do you understand me?
Apa saya bisa dimengerti?
A-pa SA-ya BEE-sa dee-mŭ-ngŭr-TEE?

116. I [do not] know.
Saya [tidak] tahu.   *SA-ya [TEE-daq] TOW.*

117. I think so.
Saya kira begitu.   *SA-ya KEE-ra bŭ-GEE-too.*

118. Repeat it.   Coba ulangi.   *CHO-ba oo-LA-ngee.*

119. Write it down.   Coba tulis.   *CHO-ba TOO-lees.*

120. Answer "yes" or "no."   Jawab "ya" atau "tidak".
JA-wap "ya" A-tow "TEE-daq."

121. You are right. [(TO M.) Bapak] [(TO F.) Ibu] benar.
[BA-pa^q] [EE-boo] bŭ-NAR.

122. You are wrong. [(TO M.) Bapak] [(TO F.) Ibu] salah.
[BA-pa^q] [EE-boo] SA-lah.

123. What does [this word] mean? (LIT.: **What is the
meaning of this word?**)
Apa arti [perkataan ini]?
A-pa AR-tee [per-ka-TA-an EE-nee]?

124. How do you say "pencil" in [Javanese]?
Apa [bahasa Jawanya] "pencil"?
A-pa [ba-HA-sa ja-WA-nya] "pencil"?

125. How do you spell [Martapura]?
Bagaimana mengeja [Martapura]?
ba-gey-MA-na mŭ-NGE-ja [mar-ta-POO-ra]?

DIFFICULTIES
AND MISUNDERSTANDINGS

126. Where is [the American Embassy]?
Di mana [Kedutaan Amerika]?
dee MA-na [kŭ-doo-TA-an a-me-REE-ka]?

127. —the police station.
—kantor polisi.   *—KAN-tor po-LEE-see.*

128. —the lost-and-found office.
—tempat menanyakan barang yang hilang.
—tŭm-PAT mŭ-na-NYA-kan BA-rang yang HEE-lang.

129. I want to talk to [your manager] [your superior].
Saya mau bicara sama [menejernya] [atasannya].
*SA-ya mow bee-CHA-ra SA-ma [me-ne-JER-nya]
[a-ta-SAN-nya].*

130. Can you please help me? Bisa saya minta tolong? *BEE-sa SA-ya MEEN-ta **TO-long?***

131. How does one get there?
Bagaimana pergi ke sana?
***ba-gey-MA-na** pŭr-GEE kŭ SA-na?*

132. I am looking for my [friend].
Saya mencari [teman] saya.
*SA-ya mŭn-CHA-ree [tŭ-MAN] **SA-ya.***

133. I am lost. Saya tersesat. *SA-ya **tŭr-sŭ-SAT.***

134. I cannot find [the address].
Saya tidak bisa menemukan [alamatnya].
*SA-ya TEE-daq BEE-sa mŭ-nŭ-MOO-kan [**a-la-MAT-nya**].*

135. She has lost [her handbag].
[Tasnya] hilang. *[TAS-nya] **HEE-lang.***

136. We forgot [our keys]. [Kunci kami] terlupa.
*[KOON-chee KA-mee] **tŭr-LOO-pa.***

137. We missed [the train].
Kami ketinggalan [kereta api].
*KA-mee kŭ-teeng-GA-lan [KRE-ta **A-pee**].*

138. It is not [my fault].
Bukan [salah saya] itu. *BOO-kan [SA-lah **SA-ya**] EE-tu.*

139. I do not remember [the name].
Saya tidak ingat [namanya].
*SA-ya TEE-daq **EE-ngat** [na-MA-nya].*

140. What is wrong? Ada apa? *A-da **A-pa?***

141. What shall I do?
Saya harus buat apa? *SA-ya HA-roos BOO-wat **A-pa?***

142. Let us alone! (OR: **Go away!**) Pergi! *pŭr-GEE!*

143. Help! Tolong! *TO-long!*

144. Police! Polisi! *po-LEE-see!*

145. Thief! Maling! *MA-leeng!*

146. Fire! Api! *A-pee!*

147. Look out! (OR: **Be careful!**) Awas! *A-was!*

148. This is an emergency.
Dalam bahaya ini. *DA-lam ba-HA-ya EE-nee.*

CUSTOMS

149. Where is [the customs office]?
Di mana [kantor bea cukai]?
dee MA-na [KAN-tor BE-a CHOO-key]?

150. Here is [our baggage]. Ini [barang-barang kita].
EE-nee [ba-rang-BA-rang KEE-ta].

151. —my passport.
—paspor saya. *—PAS-por SA-ya.*

152. —my identification card.
—kartu saya. *—KAR-too SA-ya.*

153. —my health certificate. —surat kesehatan saya.
—SOO-rat kŭ-se-HA-tan SA-ya.

154. —my visitor's visa. —visa kunjungan saya.
—FEE-sa koon-JOO-ngan SA-ya.

155. I am in transit.
Saya singgah saja. *SA-ya SEENG-gah SA-ja.*

156. [The bags] over there are mine.
[Kopor-kopor] sebelah sana itu, punya saya.
*[ko-por-KO-por] sŭ-BLAH SA-na EE-too, POO-nya
    SA-ya.*

157. Must I open everything?
Semuanya harus saya buka?
sŭ-moo-WA-nya HA-roos SA-ya BOO-ka?

158. I cannot open [the trunk].
[Peti itu] tidak bisa saya buka.
[pŭ-TEE EE-too] TEE-daq BEE-sa SA-ya BOO-ka.

159. There is [nothing but clothing] here.
[Hanya pakaian saja] di sini.
[HA-nya pa-KEY-yan SA-ja] dee SEE-nee.

160. I have nothing to declare.
Tidak ada yang perlu saya perlihatkan.
TEE-daq A-da yang pŭr-LOO SA-ya pŭr-lee-YAT-kan.

160. Everything is for my personal use.
Semuanya saya pakai sendiri.
sŭ-moo-WA-nya SA-ya PA-key sŭn-DEE-ree.

162. I bought [this necklace] in the United States.
[Kalung ini] saya beli di Amerika.
[KA-loong EE-nee] SA-ya blee dee a-me-REE-ka.

163. These are [gifts].
Ini [hadiah]. *EE-nee [ha-DEE-yah].*

164. This is all I have.
Cuma ini saja barang-barang saya.
CHOO-ma EE-nee SA-ja ba-rang-BA-rang SA-ya.

165. Must duty be paid on [these things]?
Apa [barang-barang ini] dikenakan bea ini?
A-pa [ba-rang-BA-rang EE-nee] dee-kŭ-NA-kan BE-a EE-nee?

166. Where do I get the forms?
Formulirnya dapat di mana?
for-moo-LEER-nya DA-pat dee MA-na?

167. How many copies do I need to give you?
Ini perlu rangkap berapa?
EE-nee pŭr-LOO RANG-kap BRA-pa?

168. Can I xerox it?
Apa poto-kopi boleh?   *A-pa po-to-KO-pee BO-leh?*

169. Is there a place to xerox things near here?
Apa ada tempat poto-kopi dekat sini?
A-pa A-da tŭm-PAT po-to-KO-pee dŭ-KAT SEE-nee?

170. Xerox this [in three copies].
Poto-kopi ini [rangkap tiga].
po-to-KO-pee EE-nee [RANG-kap TEE-ga].

171. —on both sides.   —bola bali.   *—BO-la ba-LEE.*

172. Is it obligatory?   Apa wajib?   *A-pa WA-jeep?*

173. Have you finished?
Sudah selesai?   *SOO-dah sŭ-lŭ-SEY?*

BAGGAGE

174. Where can we check our luggage through to [Samarinda]?
Bagasi untuk [Samarinda] diserahkan di mana?
ba-GA-see OON-too^q [sa-ma-REEN-da] dee-sŭ-RAH-kan dee MA-na?

175. These things to the [left] [right] belong to me.
Barang-barang yang di sebelah [kiri] [kanan] ini, punya saya.
ba-rang-BA-rang yang dee sŭ-BLAH [KEE-ree] [KA-nan] EE-nee, POO-nya SA-ya.

176. I cannot find all my baggage.
Bagasi saya belum semua ketemu.
ba-GA-see SA-ya bloom sŭ-MOO-wa kŭ-tŭ-MOO.

177. One of [my packages] is missing.
[Barang saya] satu yang tidak ketemu.
[BA-rang SA-ya] SA-too yang TEE-da^q kŭ-tŭ-MOO.

178. I want to leave [this suitcase] here [for a few days].
[Kopor ini] mau saya tinggalkan [beberapa hari] di sini.
[KO-por EE-nee] mow SA-ya teeng-GAL-kan [bŭ-BRA-pa HA-ree] dee SEE-nee.

179. Give me a [receipt] for the baggage.
Minta [tanda terima] buat bagasinya.
MEEN-ta [TAN-da TREE-ma] BOO-wat ba-ga-SEE-nya.

180. I own [a black trunk].   Saya punya [kopor hitam].
SA-ya POO-nya [KO-por HEE-tam].

181. I have [four] pieces of luggage altogether.
Bagasi saya semuanya [empat] potong.
ba-GA-see SA-ya sŭ-moo-WA-nya [ŭm-PAT] PO-tong.

182. Carry this to the [baggage room].
Coba ini dibawa ke [ruang bagasi].
CHO-ba EE-nee dee-BA-wa kŭ [ROO-wang ba-GA-see].

183. Don't leave that behind.
Jangan tertinggal yang itu.
JA-ngan ter-TEENG-gal yang EE-too.

184. I shall carry this myself.
Yang ini saya bawa sendiri.
yang EE-nee SA-ya BA-wa sŭn-DEE-ree.

185. Follow me.
Mari ikut saya.   *MA-ree EE-koot SA-ya.*

186. Get me [a taxi] [a porter].
Carikan [taksi] [kuli].
cha-REE-kan [TAK-see] [KOO-lee].

187. This is [very fragile].
Yang ini [gampang sekali pecah].
yang EE-nee [GAM-pang SKA-lee pŭ-CHAH].

188. Handle this carefully.
Hati-hati, ya, bawanya.   *ha-tee-HA-tee*, ya, ba-WA-nya.

189. How much do I owe you?
Berapa ongkosnya?   *BRA-pa ong-KOS-nya?*

190. What is the customary tip?
Persennya berapa biasanya?
pŭr-SEN-nya BRA-pa bee-ya-SA-nya?

TRAVEL DIRECTIONS

191. I want to go to [the airline office].
Saya mau ke [kantor penerbangan].
SA-ya mow kŭ [KAN-tor pŭ-nŭr-BA-ngan].

192. —the travel agent's office.
—kantor biro travel.   —*KAN-tor BEE-ro TRA-fel.*

193. —the Indonesian government tourist office.
—kantor BAPPARDA.   —*KAN-tor ba-PAR-da.*

194. How long does it take to walk to [the Hero's Monument]?
Kalau jalan ke [Tugu Pahlawan], berapa lama?
KA-lau JA-lan kŭ [TOO-goo pah-LA-wan], BRA-pa LA-ma?

195. Is this the shortest way [to the State Palace]?
Apa ini jalan terdekat [ke Istana Negara]?
A-pa EE-nee JA-lan tŭr-dŭ-KAT [kŭ ee-STA-na nŭ-GA-ra]?

196. Show me the way [to the center of town].
Lewat mana [ke pusat kota]?
LE-wat MA-na [kŭ POO-sat KO-ta]?

197. —to the shopping section.
—ke pusat pertokoan.   —*kŭ POO-sat pŭr-to-KO-wan.*

198. Do I turn to [the north] [the south] [the east] [the west]?

Apa belok ke [utara] [selatan] [timur] [barat]?

A-pa BE-lo^q kŭ [oo-TA-ra] [SLA-tan] [TEE-moor] [BA-rat]?

199. What [street] is this?

[Jalan] apa ini? *[JA-lan] A-pa EE-nee?*

200. How far is it [from here]?

Berapa jauhnya [dari sini]?

BRA-pa JOWH-nya [DA-ree SEE-nee]?

201. Is it near or far?

Dekat apa jauh? *dŭ-KAT A-pa jowh?*

202. Can we walk there?

Bisa jalan ke sana? *BEE-sa JA-lan kŭ SA-na?*

203. Am I going in the right direction?

Apa arahnya betul ini?

A-pa a-RAH-nya bŭ-TOOL EE-nee?

204. Please point.

Tolong tunjukkan. *TO-long toon-JOO^q-kan.*

205. Should I go [this way] [that way]?

Mesti lewat [sini] [sana]?

mŭs-TEE LE-wat [SEE-nee] [SA-na]?

206. Turn [left] [right] at the next corner.

Di persimpangan berikut belok [kiri] [kanan].

dee pŭr-seem-PA-ngan BREE-koot BE-lo^q [KEE-ree] [KA-nan].

207. Is it [on this side of the street]?

Apa [sebelah sini jalan]?

A-pa [sŭ-BLAH SEE-nee JA-lan]?

208. —on the other side of the street.

—sebelah sana jalan. *—sŭ-BLAH SA-na JA-lan.*

209. —**across the bridge.**
—di seberang jambatan.   —*dee sŭ-BRANG jŭm-BA-tan.*

210. —**along the boulevard.**
—di sepanjang jalan.   —*dee SPAN-jang JA-lan.*

211. —**between these avenues.**
—di antara jalan-jalan ini.
—*dee an-TA-ra ja-lan-JA-lan EE-nee.*

212. —**beyond the traffic light.**
—sebelah sananya lampu lalu lintas.
—*sŭ-BLAH sa-NA-nya LAM-poo LA-loo LEEN-tas.*

213. —**next to the apartment house.**
—di samping gedung apartemen.
—*dee SAM-peeng gŭ-DOONG a-par-tŭ-MEN.*

214. —**in the middle of the block.**
—di pertengahan blok itu.
—*dee pŭr-tŭ-NGA-han bloq EE-too.*

215. —**straight ahead.**   —terus saja.   —*troos SA-ja.*

216. —**inside the station.**   —di dalam stasiun itu.
—*dee DA-lam STA-syoon EE-too.*

217. —**near the square.**
—dekat alun-alun.   —*dŭ-KAT a-loon-A-loon.*

218. —**outside the lobby.**
—di luar lobi itu.   —*dee LOO-war LO-bee EE-too.*

219. —**at the entrance.**
—di pintu masuk itu.   —*dee PEEN-too MA-sooq EE-too.*

220. —**opposite the park.** —di sebelah sana taman itu.
—*dee sŭ-BLAH SA-na TA-man EE-too.*

221. —**beside the school.** —di samping sekolah itu.
—*dee SAM-peeng SKO-lah EE-too.*

222. —in front of the monument.
—di depan monumen itu.
—*dee dǔ-PAN mo-NOO-men EE-too.*

223. —in the rear of the store.
—di belakang toko itu.   —*dee BLA-kang TO-ko EE-too.*

224. —behind the building.
—di belakang bangunan itu.
—*dee BLA-kang ba-NGOO-nan EE-too.*

225. —up the hill.
—di atas bukit itu.   —*dee A-tas BOO-keet EE-too.*

226. —down the stairs.
—di bawah tangga itu.   —*dee BA-wah TANG-ga EE-too.*

227. —at the top of the escalator.
—di atas tangga berjalan itu.
—*dee A-tas TANG-ga bǔr-JA-lan EE-too.*

228. —around the traffic circle.
—sekitar bundaran lalu lintas.
—*SKEE-tar boon-DA-ran LA-loo LEEN-tas.*

229. The factory. Pabrik. *PAB-ree^q.*

230. The office building.
Bangunan perkantoran. *ba-NGOO-nan pǔr-kan-TO-ran.*

231. The residential section.
Daerah pemukiman. *da-E-rah pǔ-moo-KEE-man.*

232. The suburbs.
Pinggiran kota. *peeng-GEE-ran KO-ta.*

233. The city. Kota. *KO-ta.*

234. The countryside. Kampung. *KAM-poong.*

235. The village. Desa. *DE-sa.*

BOAT

236. When must I go on board?
Kapan saya harus naik kapalnya?
KA-pan SA-ya HA-roos NA-ee^q ka-PAL-nya?

237. Bon voyage! Selamat jalan! *SLA-mat JA-lan!*

238. I want to rent a chair. Saya mau menyewa kursi.
SA-ya mow mŭ-NYE-wa KOOR-si.

239. Can we go ashore [at Balikpapan]?
Apa kita bisa mendarat [di Balikpapan]?
A-pa KEE-ta BEE-sa mŭn-DA-rat [dee ba-leek-PA-pan]?

240. At what time is dinner served? .
Jam berapa siap makan malamnya?
jam BRA-pa SEE-yap MA-kan ma-LAM-nya?

241. When is [the first sitting] [the second sitting]?
[Giliran pertamanya] [giliran keduanya] kapan?
[gee-LEE-ran pŭr-ta-MA-nya] [gee-LEE-ran
  kŭ-doo-WA-nya] KA-pan?

242. I feel seasick. Saya mual. *SA-ya MOO-wal.*

243. Have you a remedy for seasickness?
Punya obat mabuk laut, [(TO M.) Pak] [(TO F.) Bu]?
POO-nya O-bat MA-boo^q lowt, [PA^q] [BOO]?

244. Lifeboat. Sekoci. *SKO-chee.*

245. Life preserver. Pelampung. *PLAM-poong.*

246. The ferry. Tambangan. *tam-BA-ngan.*

247. The dock. Dermaga. *dŭr-MA-ga.*

248. The cabin. Kamar. *KA-mar.*

249. The deck. Dek. *de^q.*

250. The gymnasium.
Ruang olah raga. *ROO-wang O-lah RA-ga.*

251. The pool.   Kolam renang.   *KO-lam rŭ-NANG.*

252. The captain.   Kapten.   *KAP-ten.*

253. The purser.   Kepala keuangan kapal.
kŭ-PA-la kŭ-oo-WA-ngan KA-pal.

254. The cabin steward.
Pelayan kamar.   *PLA-yan KA-mar.*

AIRPLANE

255. I want [to make] [to cancel] a reservation.
Saya ingin [memesan] [membatalkan pesanan] tempat.
*SA-ya EE-ngeen [mŭ-mŭ-SAN] [mŭm-ba-TAL-kan
   pŭ-SA-nan] tŭm-PAT.*

256. When is the next flight to [Ujung Pandang]?
Kapan kapal terbang berikutnya ke [Ujung Pandang]?
*KA-pan KA-pal tŭr-BANG bree-KOOT-nya kŭ [OO-joong
   PAN-dang]?*

257. When does the plane arrive at [Palembang]?
Kapan pesawatnya sampai di [Palembang]?
KA-pan pŭ-sa-WAT-nya SAM-pey dee [pa-LEM-bang]?

258. What kind of plane is used on that flight?
Pesawat apa sih dipakai?
pŭ-SA-wat A-pa seeh dee-PA-key?

259. Will food be served?
Apa diberi makan?   *A-pa dee-BREE MA-kan?*

260. May I confirm [the reservation] by telephone?
Apa boleh saya memastikan [pesanan] lewat telepon?
*A-pa BO-leh SA-ya mŭ-mas-TEE-kan [pŭ-SA-nan] LE-wat
   TEL-pon?*

261. At what time should we check in [at the airport]?
Jam berapa kita harus melapor [di lapangan udara]?
jam BRA-pa KEE-ta HA-roos mŭ-LA-por [dee la-PA-ngan oo-DA-ra]?

262. How long does it take to get to the airport from my hotel?
Berapa lamanya ke lapangan udara dari hotel saya ini?
BRA-pa la-MA-nya kŭ la-PA-ngan oo-DA-ra DA-ree HO-tel SA-ya EE-nee?

263. Is there a bus service from the airport to the city?
Apa ada bis dari lapangan udara ke kota?
A-pa A-da BEES DA-ree la-PA-ngan oo-DA-ra kŭ KO-ta?

264. Is that flight [nonstop] [direct]?
Apa penerbangannya [tidak singgah-singgah] [langsung]?
A-pa pŭ-nŭr-ba-NGAN-nya [TEE-daq seeng-gah-SEENG-gah] [LANG-soong]?

265. Where does the plane stop en route?
Pesawatnya singgah di mana saja?
pŭ-sa-WAT-nya SEENG-gah dee MA-na SA-ja?

266. How long do we stop? Berapa lama kita berhenti?
BRA-pa LA-ma KEE-ta brŭn-TEE?

267. May I stop over in [Padang]?
Apa saya boleh singgah di [Padang]?
A-pa SA-ya BO-leh SEENG-gah dee [PA-dang]?

268. We want to travel [first class] [economy class].
Kami mau menumpang [kelas satu] [kelas ekonomi].
KA-mee mow me-NOOM-pang [klas SA-too] [klas e-ko-NO-mee].

269. Is flight [22] on time?
Apa penerbangan [nomor duapuluh dua] tepat pada waktunya?
A-pa pŭ-nŭr-BA-ngan [NO-mor doo-wa-POO-looh DOO-wa] tŭ-PAT PA-da wak-TOO-nya?

270. How much baggage am I allowed?
Berapa saya boleh membawa bagasi?
BRA-pa SA-ya BO-leh mŭm-BA-wa ba-GA-see?

271. How much per kilo for excess?
Yang lebih, satu kilonya berapa?
yang lŭ-BEEH, SA-too kee-LO-nya BRA-pa?

272. May I carry this on board?
Apa yang ini boleh saya bawa ke atas pesawat?
*A-pa yang EE-nee BO-leh SA-ya BA-wa kŭ A-tas
pŭ-SA-wat?*

273. Give me a seat [on the aisle].
Tolong beri saya tempat duduk [sebelah gang].
*TO-long bree SA-ya tŭm-PAT DOO-doo⁹ [sŭ-BLAH
GANG].*

274. —by a window.
—dekat jendela. —*dŭ-KAT jŭn-DE-la.*

275. —by the emergency exit. —dekat pintu darurat.
—*dŭ-KAT PEEN-too da-ROO-rat.*

276. May we board the plane now?
Apa sudah boleh naik pesawat ini?
A-pa SOO-dah BO-leh NA-ee⁹ pŭ-SA-wat EE-nee?

277. Which gate do I go to?
Saya harus lewat gerbang yang mana?
SA-ya HA-roos LE-wat gŭr-BANG yang MA-na?

278. Call the stewardess. Panggil pramugarinya.
PANG-geel pra-moo-ga-REE-nya.

279. Fasten your seat belt.
Pasang ikat pinggang. *PA-sang EE-kat PEENG-gang.*

280. May I smoke?
Apa boleh merokok? *A-pa BO-leh mŭ-RO-ko⁹?*

281. Will we arrive [on time] [late]?

Apa nanti kita akan sampai [pada waktunya] [lat]?

A-pa NAN-tee KEE-ta A-kan SAM-pey [PA-da wak-TOO-nya] [LAT]?

282. An announcement.

Pengumuman. *pŭ-ngoo-MOO-man.*

283. A boarding pass. Kartu naik. *KAR-too NA-ee^q.*

284. The limousine. Kol. *kol.*

TRAIN

285. When does the ticket office [open] [close]?

Kapan [buka] [tutup] loket karcisnya?

KA-pan [BOO-ka] [TOO-toop] LO-ket kar-CHEES-nya?

286. When is the next train for [Bandung]?

Kapan kereta api berikutnya ke [Bandung]?

KA-pan KRE-ta A-pee bree-KOOT-nya kŭ [BAN-doong]?

287. Is there [an earlier train]?

Apa ada [kereta api yang lebih pagi]?

A-pa A-da [KRE-ta A-pee yang lŭ-BEEH PA-gee]?

288. —a later train. —kereta api yang lebih lambat.

—KRE-ta A-pee yang lŭ-BEEH LAM-bat.

289. —an express train.

—kereta api kilat. *—KRE-ta A-pee KEE-lat.*

290. —a local train.

—kereta api bumel. *—KRE-ta A-pee BOO-mŭl.*

291. From which platform does the train leave?

Dari peron yang mana keretanya berangkat?

DA-ree PE-ron yang MA-na kre-TA-nya BRANG-kat?

292. Where can I get a timetable?
Di mana saya bisa mendapat jadwalnya?
dee MA-na SA-ya BEE-sa mŭn-DA-pat jad-WAL-nya?

293. Does this train stop at [Blitar]?
Apa kereta api ini singgah di [Blitar]?
A-pa KRE-ta A-pee EE-nee SEENG-gah dee [BLEE-tar]?

294. Is there time to get off?
Apa sempat turun sebentar?
A-pa sŭm-PAT TOO-roon sŭ-bŭn-TAR?

295. When do we arrive?
Kapan sampainya? *KA-pan sam-PEY-nya?*

296. Is this seat taken? (LIT.: Is there someone in this
seat?)
Tempat ini sudah ada orangnya?
tŭm-PAT EE-nee SOO-dah A-da o-RANG-nya?

297. Am I disturbing you? Apa saya mengganggu ini?
A-pa SA-ya mŭng-GANG-goo EE-nee?

298. Please open the window. Tolong buka jendelanya
TO-long BOO-ka jŭn-de-LA-nya!

299. Please close the door. Tolong tutup pintunya!
TO-long TOO-toop peen-TOO-nya!

300. Where are we now?
Sedang di mana ini? *sŭ-DANG dee MA-na EE-nee?*

301. Is the train on time?
Apa kereta apinya tidak terlambat?
A-pa KRE-ta a-PEE-nya TEE-daq tŭr-LAM-bat?

302. How late are we? Berapa jam latnya ini?
BRA-pa JAM LAT-nya EE-nee?

303. The conductor. Kondektur. *kon-DEK-toor.*

304. The gate. Pintu gerbang. *PEEN-too gŭr-BANG.*

305. The information office (OR: **booth**).
Bagian informasi.   *ba-GEE-yan een-for-MA-see.*

306. A one-way ticket.
Karcis sekali jalan.   *KAR-chees SKA-lee JA-lan.*

307. A round-trip ticket.
Karcis pulang pergi.   *KAR-chees POO-lang pŭr-GEE.*

308. A platform ticket.
Karcis peron.   *KAR-chees PE-ron.*

309. The railroad station.
Stasiun kereta api.   *STA-syoon KRE-ta A-pee.*

310. The waiting room.
Ruang tunggu.   *ROO-wang TOONG-goo.*

311. The sleeping car.
Gerbong tidur.   *gŭr-BONG TEE-door.*

312. A bedroom compartment (OR: **roomette**).
Kamar.   *KA-mar.*

313. The dining car.
Gerbong makan.   *gŭr-BONG MA-kan.*

BUS

314. Where does [the bus] stop?
Di mana [bisnya] berhenti?
dee MA-na [BEES-nya] brŭn-TEE?

315. How often does [the bus] run?
Berapa kali [bisnya] lewat?
BRA-pa KA-lee [BEES-nya] LE-wat?

316. [Which bus] goes to [Surabaya]?
[Bis yang mana] yang ke [Surabaya]?
[bees yang MA-na] yang kŭ [soo-ra-BA-ya]?

317. How much is the fare?
Berapa ongkosnya?   *BRA-pa ong-KOS-nya?*

318. Do you go near [Sudirman Street]?
Apa ini ke sekitar [jalan Sudirman]?
A-pa EE-nee kŭ SKEE-tar [JA-lan soo-DEER-man]?

319. I want to get off [at the next stop] [right here].
Saya mau turun [di perhentian berikutnya] [di sini].
*SA-ya mow TOO-roon [dee prŭn-TEE-yan
    bree-KOOT-nya] [dee SEE-nee].*

320. Please let me know where to get off.
Tolong kasi tahu di mana saya harus turun!
*TO-long KA-see tow dee MA-na SA-ya HA-roos
    TOO-roon!*

321. Will I have to change?   Apa harus ganti bis nanti?
A-pa HA-roos GAN-tee BEES NAN-tee?

322. Where do we transfer?
Di mana gantinya?   *dee MA-na gan-TEE-nya?*

323. The driver.   Pengemudi (OR: Sopir).
pŭ-ngŭ-MOO-dee (OR: SO-peer).

324. The transfer.   Pergantian.   *pŭr-gan-TEE-yan.*

325. Where is the bus stop?
Perhentian bis (OR: Halte bis) di mana?
prŭn-TEE-yan bees (OR: HAL-tŭ bees) dee MA-na?

TAXI

326. Call a taxi for me.   Tolong panggilkan taksi.
TO-long pang-GEEL-kan TAK-see.

327. Are you free, driver?   Apa taksi ini lagi prei, pak?
*A-pa TAK-see EE-nee LA-gee **prey**, pa^q?*

328. What do you charge per [hour] [kilometer] [day]?
Berapa per [jam] [kilo] [hari]?
***BRA-pa** pŭr [jam] [KEE-lo] [HA-ree]?*

329. Does this taxi have a meter?
Apa taksi ini pakai meter?
*A-pa TAK-see EE-nee PA-key **ME-ter**?*

330. Take me to this address.
Antarkan saya ke alamat ini.
*an-TAR-kan SA-ya kŭ a-LA-mat **EE-nee**.*

331. How much will the ride cost?
Berapa ongkosnya?   ***BRA-pa** ong-KOS-nya?*

332. How long will it take to get there?
Berapa lama baru sampai nanti?
BRA-pa LA-ma BA-roo SAM-pey NAN-tee?

333. Drive us around [for one hour].
Bawa berkeliling [satu jam].
*BA-wa bŭr-KLEE-leeng [SA-too **JAM**].*

334. Drive more carefully.
Lebih hati-hati mengemudinya.
lŭ-BEEH ha-tee-HA-tee mŭ-ngŭ-moo-DEE-nya.

335. Drive more slowly.
Coba pelanan sedikit.   *CHO-ba PLA-nan SDEE-keet.*

336. I am [not] in a great hurry.
Saya [tidak] tergesa-gesa kok.
*SA-ya [TEE-da^q] tŭr-gŭ-sa-**gŭ-SA** ko^q.*

337. Stop here.
Coba berhenti di sini.   *CHO-ba brŭn-TEE dee **SEE-nee**.*

338. Wait for me here.   Tunggu saya di sini, ya!
*TOONG-goo SA-ya dee **SEE-nee**, ya!*

339. I will return in [five minutes].
Saya akan kembali dalam [lima menit].
SA-ya A-kan ! ŭm-BA-lee DA-lam [LEE-ma mŭ-NEET].

340. Keep the change. Tidak usah kembalikan.
TEE-daq OO-sah kŭm-ba-LEE-kan.

341. The taxi stand.
Pangkalan taksi. *pang-KA-lan TAK-see.*

342. The taxi meter.
Meteran taksi. *ME-tran TAK-see.*

343. The jitney. Opelet. *OP-let.*

344. The minibus. Kol. *kol.*

345. The pedicab. Becak. *BE-chaq.*

346. Small motorized pedicab. Helicak. *he-LEE-chaq.*

347. Larger motorized pedicab. Bemo. *BE-mo.*

RENTING AUTOS
(AND OTHER VEHICLES)

348. What kind [of cars] do you have?
Punya [mobil] jenis apa saja?
POO-nya [MO-beel] jŭ-NEES A-pa SA-ja?

349. I have an international driver's license.
Saya punya SIM internasional.
SA-ya POO-nya seem in-ter-na-SYO-nal.

350. What is the rate [per day]?
Berapa sewanya [per hari]?
BRA-pa se-WA-nya [pŭr HA-ree]?

351. How much additional [per kilometer]?
Berapa tambahannya [per kilometer]?
BRA-pa tam-ba-HAN-nya [pŭr kee-lo-ME-ter]?

352. Are gas and oil also included?
Apa itu termasuk bensin dan oli?
A-pa EE-tu tŭr-MA-sooᵍ BEN-seen dan O-lee?

353. Does the insurance policy cover [personal liability]?
Apa polis asuransi mencakup [diri saya sendiri]?
A-pa PO-lees a-soo-RAN-see mŭn-CHA-koop [DEE-ree SA-ya sŭn-DEE-ree]?

354. —property damage.
—kerusakan.   *—kroo-SA-kan.*

355. —collision.   —tabrakan.   *—tab-RA-kan.*

356. Are the papers in order?
Apa surat-surat ini sudah beres?
A-pa soo-rat-SOO-rat EE-nee SOO-dah BE-res?

357. I am not familiar with this car.
Mobil ini asing bagi saya.
MO-beel EE-nee A-seeng BA-gee SA-ya.

358. Explain this [dial] [mechanism].
Coba terangkan [cakra angka] [mekanisme] ini.
*CHO-ba TRANG-kan [CHAK-ra ANG-ka]
  [me-ka-NEES-mŭ]   EE-nee.*

359. Show me how the [air-conditioning] operates.
Tolong tunjukkan bagaimana [AC] ini bekerja!
*TO-long toon-JOOᵍ-kan ba-gey-MA-na [A-se] EE-nee
  bŭ-kŭr-JA!*

360. Will some one pick it up at the hotel?
Apa ada yang akan mengambilnya di hotel?
A-pa A-da yang A-kan mŭ-ngam-BEEL-nya dee HO-tel?

361. Is the office open all night?
Apa kantornya buka sepanjang malam?
A-pa kan-TOR-nya BOO-ka SPAN-jang MA-lam?

362. The bicycle.   Sepeda.   *SPE-da.*

363. The motorcycle.   Sepeda motor.   *SPE-da MO-tor.*

364. The motor scooter.   Skuter.   *SKOO-ter.*

365. The horse and wagon.
Bendi (OR: Andong).   *bŭn-DEE* (OR: *AN-dong*).

AUTO: DIRECTIONS

366. What is the name of [this city]?
Apa nama [kota ini]?   *A-pa NA-ma [KO-ta EE-nee]?*

367. How far [to the next town]?
Berapa jauhnya [ke kota berikutnya]?
BRA-pa JOWH-nya [kŭ KO-ta bree-KOOT-nya]?

368. Where does [this road] lead?
[Jalan] ke mana ini?   *[JA-lan] kŭ MA-na EE-nee?*

369. Are there road signs?
Apa ada rambu-rambu lalu lintas?
A-pa A-da ram-boo-RAM-boo LA-loo LEEN-tas?

370. Is the road [paved] [rough]?
Apa jalan itu [diaspal] [jelek]?
A-pa JA-lan EE-too [dee-AS-pal] [jŭ-LEq]?

371. Please show me the easiest way.
Tolong tunjukkan jalan yang paling gampang!
TO-long toon-JOOq-kan JA-lan yang PA-leeng GAM-pang!

372. Please show it to me on this road map.
Tolong tunjukkan dalam peta jalan ini!
TO-long toon-JOOq-kan DA-lam pŭ-TA JA-lan EE-nee!

373. Can I avoid heavy traffic?
Apa saya bisa menghindari keramaian lalu lintas?
*A-pa SA-ya BEE-sa mŭng-heen-DA-ree kra-MEY-yan
LA-loo LEEN-tas?*

374. May I park here [for a while] [overnight]?
Apa boleh parkir di sini [sebentar] [semalaman]?
*A-pa BO-leh PAR-keer dee SEE-nee [sŭ-bŭn-TAR]
[sŭ-ma-LA-man]?*

375. The approach. Jalur masuk. *JA-loor MA-sooᵠ.*

376. The expressway. Jalur cepat. *JA-loor chŭ-PAT.*

377. The fork.
Jalan menjadi dua. *JA-lan mŭn-JA-dee DOO-wa.*

378. The intersection.
Persimpangan. *pŭr-seem-PA-ngan.*

379. The major road (OR: **Highway**).
Jalan raya. *JA-lan RA-ya.*

380. The garage. Garasi. *ga-RA-see.*

381. The auto repair shop.
Bengkel kendaraan bermotor.
BENG-kel kŭn-da-RA-an bŭr-MO-tor.

382. The gas station.
Pompa bensin. *POM-pa BEN-seen.*

383. The parking lot.
Tempat parkir. *tŭm-PAT PAR-keer.*

384. The traffic circle. Bundaran. *boon-DA-ran.*

385. The traffic light.
Lampu lalu lintas. *LAM-poo LA-loo LEEN-tas.*

386. The stop sign.
Tanda berhenti. *TAN-da brŭn-TEE.*

AUTO: HELP ON THE ROAD

387. My car has broken down.
Mobil saya rusak. *MO-beel SA-ya ROO-saᵠ.*

388. Call a mechanic.
Panggil montir. *PANG-geel **MON-teer.***

389. Help me push [the car] to the side.
Tolong mendorong [mobil] saya ke pinggir jalan.
*TO-long mŭn-DO-rong [MO-beel] SA-ya kŭ PEENG-geer **JA-lan.***

390. Push me. Dorong saya! *DO-rong **SA-ya!***

391. May I borrow [a jack]?
Boleh saya pinjam dongkraknya?
*BO-leh SA-ya PEEN-jam [**dong-KRA**[q]**-nya**]?*

392. Change the tire.
Ganti bannya. *GAN-tee **BAN-nya.***

393. My car is stuck [in the mud] [in the ditch].
Mobil saya terperosok [di lumpur] [di selokan].
MO-beel SA-ya tŭr-PRO-so[q] *[di **LOOM-poor**] [di **SLO-kan**].*

394. Drive me to the nearest gas station.
Ke pompa bensin terdekat!
*kŭ POM-pa BEN-seen **tŭr-dŭ-KAT!***

AUTO: GAS STATION AND AUTO REPAIR SHOP

395. Give me [twenty] liters of [gasoline] [diesel fuel].
Kasi [duapuluh] liter [bensin] [solar].
*KA-see [doo-wa-POO-looh] LEE-tŭr [**BEN-seen**] [**SO-lar**].*

396. Fill it up. Penuhkan! *pŭ-NOOH-kan!*

397. Check the oil. Periksa oli. *PREEK-sa **O-lee.***

398. Lubricate the car.
Mobilnya dikasi minyak pelumas.
mo-BEEL-nya dee-KA-see MEE-nya⁹ PLOO-mas.

399. [Light] [Heavy] oil.
Oli [encer] [pekat].   *O-lee [EN-cher] [pŭ-KAT].*

400. Put water in the radiator.
Radiatornya tolong diisi air.
ra-dee-ya-TOR-nya TO-long dee-EE-see A-yeer.

401. Recharge the battery.
Tolong dicas akinya (OR: Tolong distrom akinya).
*TO-long dee-CHAS a-KEE-nya (OR: TO-long
dee-STROM a-KEE-nya).*

402. Clean the windshield.
Bersihkan kacanya.   *bŭr-SEEH-kan ka-CHA-nya.*

403. Please adjust the brakes.
Tolong remnya dibetulkan.
TO-long REM-nya dee-bŭ-TOOL-kan.

404. Check the tires.
Periksa angin bannya.   *PREEK-sa A-ngeen BAN-nya.*

405. Repair the flat tire.
Bannya ditambal.   *BAN-nya dee-TAM-bal.*

406. Could you wash it [now]?
Apa bisa dicuci [sekarang]?
A-pa BEE-sa dee-CHOO-chee [SKA-rang]?

407. How long must we wait?
Berapa lama harus kami tunggu?
BRA-pa LA-ma HA-roos KA-mee TOONG-goo?

408. The motor overheats.
Mesinnya terlalu panas.
mŭ-SEEN-nya tŭr-LA-loo PA-nas.

409. Is there a leak?
Apa ada yang bocor?   *A-pa A-da yang BO-chor?*

410. It makes a noise.
Menimbulkan suara.   *mŭ-neem-BOOL-kan SWA-ra.*

411. The lights do not work.
Lampunya mati.   *lam-POO-nya MA-tee.*

412. The car does not start.
Mesinnya tidak mau hidup.
mŭ-SEEN-nya TEE-daq mow HEE-doop.

PARTS OF THE CAR
(AND AUTO EQUIPMENT)

413. Accelerator. Gas.   *gas.*

414. Air filter. Saringan udara.   *sa-REE-ngan oo-DA-ra.*

415. Alcohol. Alkohol.   *al-KO-hol.*

416. Antifreeze. Antibeku.   *an-tee-bŭ-KOO.*

417. Axle. As.   *as.*

418. Bolt. Baut.   *bowt.*

419. Emergency brake. Rem darurat.   *rem da-ROO-rat.*

420. Foot brake. Rem kaki.   *rem KA-kee.*

421. Hand brake. Rem tangan.   *rem TA-ngan.*

422. Bumper. Bemper.   *BEM-pŭr.*

423. Carburetor. Karburator.   *kar-boo-RA-tor.*

424. Chassis. Sasis.   *SA-sees.*

425. Choke. Cok.   *choq.*

426. Clutch. Kopling.   *KO-pleeng.*

427. Cylinder. Silinder.   *see-LEEN-dŭr.*

428. Differential. Kardan. *KAR-dan.*

429. Directional signal.
Lampu rihting. *LAM-poo REEH-teeng.*

430. Door. Pintu. *PEEN-too.*

431. Electrical system. Sistim hubungan listrik.
SEES-teem hoo-BOO-ngan LEES-treeᵍ.

432. Engine (OR: **Motor**). Mesin. *mŭ-SEEN.*

433. Exhaust pipe (OR: **Muffler**).
Kenalpot. *kŭ-NAL-pot.*

434. Exterior. Bagian luar. *ba-GEE-yan LOO-war.*

435. Fan. Kipas angin. *KEE-pas A-ngeen.*

436. Fan belt. Ban kipas. *ban KEE-pas.*

437. Fender. Spatbor. *SPAT-bor.*

438. Flashlight. Senter. *SEN-tŭr.*

439. Fuel pump.
Pompa bahan bakar. *POM-pa BA-han BA-kar.*

440. Fuse. Sekring. *SE-kreeng.*

441. Gas tank. Tangki bensin. *TANG-kee BEN-seen.*

442. Gear shift. Gigi (OR: Gir). *GEE-gee* (OR: *geer*).

443. First gear. Gigi satu (OR: Persneling satu).
GEE-gee SA-too (OR: *pŭr-SNE-leeng SA-too*).

444. Second gear. Gigi dua. *GEE-gee DOO-wa.*

445. Third gear. Gigi tiga. *GEE-gee TEE-ga.*

446. Fourth gear. Gigi empat. *GEE-gee ŭm-PAT.*

447. Reverse gear.
Persneling mundur. *pŭr-SNE-leeng MOON-door.*

448. Neutral gear. Prei. *prey.*

449. Grease. Gemuk. *gŭ-MOOᵍ.*

450. Generator. Generator. *gŭ-nŭ-RA-tor.*

451. Hammer.
Palu (OR: Martil).   *PA-loo* (OR: *MAR-teel*).

452. Hood.   Kap mesin.   *kap mǔ-SEEN.*

453. Horn.   Klakson.   *KLAK-son.*

454. Horsepower.   Tenaga kuda.   *tǔ-NA-ga KOO-da.*

455. Ignition key.
Kunci kontak.   *KOON-chee KON-tak.*

456. Inner tube.   Ban dalam.   *ban DA-lam.*

457. Instrument panel (OR: **Dashboard**).
Desbor.   *DES-bor.*

458. License plate.   Nomor polisi (OR: Nomor plat).
NO-mor po-LEE-see (OR: *NO-mor PLAT*).

459. Light.   Lampu.   *LAM-poo.*

460. Headlight.   Lampu besar.   *LAM-poo bǔ-SAR.*

461. Parking light.
Lampu parkir.   *LAM-poo PAR-keer.*

462. Brake light.   Lampu rem.   *LAM-poo REM.*

463. Taillight.   Lampu belakang.   *LAM-poo BLA-kang.*

464. Rear-view mirror.
Kaca spion dalam.   *KA-cha SPEE-yon DA-lam.*

465. Side-view mirror.
Kaca spion samping.   *KA-cha SPEE-yon SAM-peeng.*

466. Nail.   Paku.   *PA-koo.*

467. Nut.   Mur.   *moor.*

468. Pedal.   Pedal.   *pǔ-DAL.*

469. Pliers.
Kakatua (OR: Tang).   *ka-ka-TOO-wa* (OR: *tang*).

470. Radiator.   Radiator.   *ra-dee-YA-tor.*

471. Radio.   Radio.   *RA-dyo.*

472. Rags. Lap. *lap.*

473. Rope. Tali. *TA-lee.*

474. Screw. Sekrup. *skroop.*

475. Screwdriver. Obeng. *O-beng.*

476. Automatic shift.
Persneling otomatis. *pŭr-SNE-leeng o-to-MA-tees.*

477. Hand shift.
Persneling tangan. *pŭr-SNE-leeng TA-ngan.*

478. Shock absorber.
Peredam getaran. *prŭ-DAM gŭ-TA-ran.*

479. Skid chains.
Rantai anti selip. *RAN-tey AN-tee SLEEP.*

480. Spark plugs. Busi. *BOO-see.*

481. Speedometer. Spidometer. *spee-do-ME-tŭr.*

482. Starter. Stater. *STA-tŭr.*

483. Steering wheel. Setir. *steer.*

484. Tire. Ban. *ban.*

485. Heavy tires. Ban radial. *ban ra-DEE-yal.*

486. Spare tire. Ban serap (OR: Ban cadangan).
ban SE-rap (OR: *ban cha-DA-ngan*).

487. Tubeless tire.
Ban tanpa ban dalam. *ban TAM-pa ban DA-lam.*

488. Tire pump. Pompa ban. *POM-pa BAN.*

489. Tools. Peralatan (OR: Perkakas).
pra-LA-tan (OR: *pŭr-KA-kas*).

490. Automatic transmission.
Tukar gigi otomatis. *TOO-kar GEE-gee o-to-MA-tees.*

491. Standard (manual) transmission.
Tukar gigi biasa. *TOO-kar GEE-gee bee-YA-sa.*

492. Trunk. Bagasi. *ba-GA-see.*

493. Valve. Klep (OR: Pentil). *klep* (OR: *pŭn-TEEL*).

494. Water-cooling system. Sistim pendingin dengan air.
SEES-teem pŭn-DEE-ngeen dŭ-NGAN A-yeer.

495. Front wheel. Roda muka (OR: Roda depan).
RO-da MOO-ka (OR: *RO-da dŭ-PAN*).

496. Rear wheel. Roda belakang. *RO-da BLA-kang.*

497. Windshield wiper.
Penyeka kaca depan. *pŭ-NYE-ka KA-cha dŭ-PAN.*

498. Wrench (non-adjustable).
Kunci pas. *KOON-chee PAS.*

499. Wrench (adjustable).
Kunci Inggeris. *KOON-chee EENG-grees.*

MAIL

500. Where is [the post office] [a mailbox]?
Di mana [kantor posnya] [kotak posnya]?
dee MA-na [KAN-tor POS-nya] [KO-ta^q POS-nya]?

501. To which window should I go?
Ke loket mana saya harus pergi?
kŭ LO-ket MA-na SA-ya HA-roos pŭr-GEE?

502. I want to send this letter [by surface mail].
Saya mau mengirim surat ini [dengan pos biasa].
SA-ya mow mŭ-NGEE-reem SOO-rat EE-nee [dŭ-NGAN pos bee-YA-sa].

503. —by airmail.
—dengan pos udara. *—duh-NGAN pos oo-DA-ra.*

504. —by special delivery.
—dengan kilat khusus (OR: kusus).
—dŭ-NGAN KEE-lat KHOO-soos (OR: *KOO-soos*).

505. —by registered mail.
—dengan tercatat.   —dŭ-NGAN tŭr-CHA-tat.

506. —by parcel post.
—dengan pospaket.   —dŭ-NGAN pos-PA-ket.

507. Give me ten [150 rupiah] stamps.
Kasi saya sepuluh perangko [seratus limapuluhan rupiah].
KA-see SA-ya SPOO-looh PRANG-ko [sŭ-RA-toos
  lee-ma-poo-LOO-han roo-PEE-yah].

508. How much postage do I need [for this postcard]?
Berapa perangkonya [untuk kartu pos ini]?
BRA-pa prang-KO-nya [OON-tooᵠ KAR-too pos EE-nee]?

509. The package contains [printed matter].
Bungkusan ini berisi [barang cetakan].
boong-KOO-san EE-nee BREE-see [BA-rang che-TA-kan].

510. —fragile material.
—barang yang gampang pecah.
—BA-rang yang GAM-pang pŭ-CHAH.

511. I want to insure this for [50,000 rupiahs].
Ini mau saya asuransikan [limapuluh ribu rupiah].
EE-nee mow SA-ya a-su-ran-SEE-kan [lee-ma-POO-looh
  REE-boo roo-PEE-yah].

512. Will it go out [today]?   Apa dikirim [hari ini]?
A-pa dee-KEE-reem [HA-ree EE-nee]?

513. Where can I get [a money order]?
Di mana saya bisa dapat [poswesel]?
dee MA-na SA-ya BEE-sa DA-pat [pos-WE-sŭ]?

514. Please forward my mail to [Jakarta].
Tolong teruskan surat-surat saya ke [Jakarta].
TO-long TROOS-kan soo-rat-SOO-rat SA-ya kŭ
  [ja-KAR-ta].

515. The American Express office will hold my mail.
Kantor American Express akan menyimpankan
  surat-surat saya.
*KAN-tor "American Express" A-kan mŭ-nyeem-PAN-kan
  soo-rat-SOO-rat SA-ya.*

**516. Address it to *poste restante* at the American Express
office.**
Dialamatkan ke pos restan di American Express.
*dee-a-la-MAT-kan kŭ pos RES-tan dee "American
  Express."*

TELEGRAM

517. I would like to send [a telegram].
Saya mau mengirim [telegram].
SA-ya mow mŭ-NGEE-reem [TEL-gram].

518. —a night letter.
—telegram malam. *—TEL-gram MA-lam.*

519. —a cablegram. —kawat. *—KA-wat.*

520. What is the rate per word?
Berapa ongkosnya per kata?
BRA-pa ong-KOS-nya pŭr KA-ta?

521. What is the minimum charge?
Berapa ongkos terendahnya?
BRA-pa ONG-kos trŭn-DAH-nya?

522. When will an ordinary telegram reach [London]?
Telegram biasa, kapan sampainya dee [London]?
*TEL-gram bee-YA-sa, KA-pan sam-PEY-nya dee
  [LON-don]?*

TELEPHONE

523. May I use the telephone?
Apa boleh saya pakai teleponnya?
*A-pa **BO-leh** SA-ya PA-key tel-PON-nya?*

524. Will you dial this number for me?
Bisa saya minta tolong memutarkan nomor ini?
***BEE-sa** SA-ya MEEN-ta TO-long mŭ-moo-TAR-kan NO-mor EE-nee?*

525. Operator, get me this number.
Saya minta nomor ini, bu. Tolong diputarkan.
*SA-ya MEEN-ta NO-mor **EE-nee**, boo. TO-long **dee-poo-TAR-kan.***

526. Call me at this number.
Telepon saya di nomor ini saja.
*TEL-pon SA-ya dee NO-mor EE-nee **SA-ja.***

527. My telephone number is [9270].
Nomor telepon saya [sembilan dua tujuh nol].
NO-mor TEL-pon SA-ya [sŭm-BEE-lan DOO-wa TOO-jooh NOL].

528. How much is a long-distance call to [Paris]?
Berapa ongkos interlokal ke [Paris]?
***BRA-pa** ONG-kos een-tŭr-LO-kal kŭ [PA-rees]?*

529. What is the charge for the first three minutes?
Tiga menit pertama berapa?
*TEE-ga mŭ-NEET pŭr-TA-ma **BRA-pa?***

530. I want to reverse the charges.
Pembayarannya di nomor si penerima.
*pŭm-ba-ya-RAN-nya dee NO-mor see **pŭ-nŭ-REE-ma.***

531. Please bill me at my home phone number.
Masukkan ongkosnya ke nomor telepon rumah saya.
ma-SOOᵠ-kan ong-KOS-nya kŭ NO-mor TEL-pon ROO-mah SA ya.

532. They do not answer.

Tidak ada jawaban.   *TEE-da^q A-da ja-WA-pan.*

533. The line is busy.

Lagi bicara ini.   *LA-gee bee-CHA-ra EE-nee.*

534. Hello (on the telephone).   Halo!   *ha-LO!*

535. You have given me the wrong number.

Nomor yang [(TO M.) Bapak] [(TO F.) Ibu] berikan tadi salah.

NO-mor yang [BA-pa^q] [EE-boo] BREE-kan TA-dee SA-lah.

536. This is [Ali] speaking.   Ini [Ali].   *EE-nee [A-lee].*

537. With whom do you want to speak?

Mau bicara sama siapa?

mow bee-CHA-ra SA-ma see-YA-pa?

538. Hold the line.

Tunggu sebentar.   *TOONG-goo sŭ-bŭn-TAR.*

539. Dial again.

Putar sekali lagi.   *POO-tar SKA-lee LA-gee.*

540. I cannot hear you.

Tidak kedengaran ini.   *TEE-da^q kŭ-dŭ-NGA-ran EE-nee.*

541. The connection is poor.

Hubungannya ndak baik.

hoo-boo-NGAN-nya nda^q BA-ee^q.

542. Please speak louder.   Tolong bicara lebih keras.

TO-long bee-CHA-ra lŭ-BEEH KRAS.

543. Call her to the phone.

Suruh dia ke telepon.   *SOO-rooh DEE-ya kŭ TEL-pon.*

544. He is not here.

Dia lagi tidak ada.   *DEE-ya LA-gee TEE-da^q A-da.*

545. There is a telephone call for you.
Ini ada telepon buat [(TO M.) Bapak] [(TO F.) Ibu].
*EE-nee A-da TEL-pon BOO-wat [**BA-pa^q**] [**EE-boo**].*

546. May I leave a message?
Apa saya bisa meninggalkan pesan?
*A-pa SA-ya BEE-sa mŭ-neeng-GAL-kan **pŭ-SAN?***

547. Call me back as soon as possible.
Telepon lagi nanti secepat mungkin.
*TEL-pon **LA-gee** NAN-tee sŭ-chŭ-PAT MOONG-kin.*

548. I will call back later.   Nanti saya telepon lagi.
*NAN-tee SA-ya TEL-pon **LA-gee**.*

549. I will wait for your call until [six] o'clock.
Saya akan tunggu teleponnya sampai jam [enam].
*SA-ya A-kan TOONG-goo tel-PON-nya SAM-pey jam
[**ŭ-NAM**].*

HOTEL

550. I am looking for [a good hotel].
Saya lagi mencari [hotel yang baik] ini.
*SA-ya LA-gee mŭn-CHA-ree [HO-tel yang **BA-ee^q**]
EE-nee.*

551. —the best hotel.   —hotel yang paling baik.
*—HO-tel yang PA-leeng **BA-ee^q**.*

552. —an inexpensive hotel.
—hotel yang murah.   *—HO-tel yang **MOO-rah**.*

553. —a boarding house (OR: **pension**).
—tempat penginapan.   *—tŭm-PAT **pŭ-ngee-NA-pan**.*

554. I want to be in the center of town.
Saya mau yang di pusat kota.
SA-ya mow yang dee POO-sat KO-ta.

555. I want a quiet location.
Saya mau tempat yang sunyi.
SA-ya mow tŭm-PAT yang SOO-nyee.

556. I prefer to be close to [the university].
Saya lebih suka yang dekat [universitas].
SA-ya lŭ-BEEH SOO-ka yang dŭ-KAT [oo-nee-fŭr-see-TAS].

557. I have a reservation for tonight.
Untuk malam ini saya sudah pesan.
OON-too⁹ MA-lam EE-nee SA-ya SOO-dah pŭ-SAN.

558. Where is the registration desk?
Di mana tempat pendaftarannya?
dee MA-na tŭm-PAT pŭn-daf-ta-RAN-nya?

559. Fill out this registration form.
Isi formulir pendaftaran ini.
EE-see for-MOO-leer pŭn-daf-TA-ran EE-nee.

560. Sign here, please.   Tolong tandatangani di sini.
TO-long tan-da-ta-NGA-nee dee SEE-nee.

561. Leave your passport.
Tolong paspornya ditinggalkan.
TO-long pas-POR-nya dee-teeng-GAL-kan.

562. You may pick it up later.
Nanti boleh diambil kembali.
NAN-tee BO-leh dee-AM-beel kŭm-BA-lee.

563. Do you have [a single room]?
Ada [kamar untuk satu orang (OR: kamar senggel)]?
A-da [KA-mar OON-too⁹ SA-too O-rang (OR: KA-mar SENG-gel)]?

564. —a double room.
—kamar untuk dua orang (OR: kamar dobel).
—KA-mar OON-too⁹ DOO-wa O-rang (OR: KA-mar DO-bŭl).

565. —an air-conditioned room.
—kamar yang ada ACnya.
—*KA-mar yang A-da a-SE-nya.*

566. —a suite (LIT.: **a room with a living room**).
—kamar yang ada kamar tamunya.
—*KA-mar yang A-da KA-mar ta-MOO-nya.*

567. —a quiet room.
—kamar yang tenang.   —*KA-mar yang tŭ-NANG.*

568. —an inside room.
—kamar sebelah dalam.   —*KA-mar sŭ-BLAH DA-lam.*

569. —an outside room.
—kamar sebelah luar.   —*KA-mar sŭ-BLAH LOO-war.*

570. —a room with a pretty view.
—kamar yang bagus pemandangannya.
—*KA-mar yang BA-goos pŭ-man-da-NGAN-nya.*

571. I want a room [with a double bed].
Saya mau kamar [yang punya tempat tidur untuk dua orang].
SA-ya mow KA-mar [yang POO-nya tŭm-PAT TEE-door OON-tooq DOO-wa O-rang].

572. —with twin beds.
—yang punya tempat tidur kembar.
—*yang POO-nya tŭm-PAT TEE-door kŭm-BAR.*

573. —with a bath.   —yang ada kamar mandinya.
—*yang A-da KA-mar man-DEE-nya.*

574. —with a shower.   —yang ada pancurannya.
—*yang A-da pan-choo-RAN-nya.*

575. —with running water.   —yang ada air ledengnya.
—*yang A-da A-yeer le-DENG-nya.*

576. —with hot water.   —yang ada air panasnya.
—*yang A-da A-yeer pa-NAS-nya.*

577. —with a balcony.
—yang punya balkon. —*yang POO-nya* ***BAL-kon.***

578. —with television.
—yang ada televisinya. —*yang A-da* ***tŭ-lŭ-fee-SEE-nya.***

579. I shall take a room [for one night].
Saya perlu kamar [untuk semalam saja].
SA-ya pŭr-LOO KA-mar [OON-too[q] SMA-lam ***SA-ja****].*

580. —for several days. —untuk beberapa hari.
OON-too[q] bŭ-BRA-pa ***HA-ree.***

581. —for a week or so. —untuk kira-kira satu minggu.
—OON-too[q] kee-ra-KEE-ra SA-too ***MEENG-goo.***

582. Can I have it [with meals]?
Apa bisa [termasuk makan sekalian]?
A-pa ***BEE-sa*** *[tŭr-MA-soo[q] MA-kan ska-LEE-yan]?*

583. —without meals.
—tanpa makan. —*TAM-pa* ***MA-kan.***

584. —with breakfast only.
—dengan sarapan saja. —*dŭ-NGAN sa-RA-pan* ***SA-ja.***

585. What is the rate [per night]?
Berapa sewanya [per malam]?
BRA-pa *se-WA-nya [pŭr MA-lam]?*

586. —per week. —per minggu. —*pŭr MEENG-goo.*

587. —per month. —per bulan. —*pŭr BOO-lan.*

588. Are tax and service included?
Apa sudah termasuk pajak dan servis?
A-pa SOO-dah ter-MA-soo[q] PA-ja[q] dan ***SER-fees?***

589. I should like to see the room.
Saya mau lihat kamarnya dulu.
SA-ya mow LEE-yat ka-MAR-nya ***DOO-loo.***

HOTEL 47

590. Have you something [better]?
Apa ndak ada yang [lebih baik]?
A-pa nda^q A-da yang [lŭ-BEEH BA-ee^a]?

591. —cheaper.
—yang lebih murah.   *—yang lŭ-BEEH MOO-rah.*

592. —larger.
—yang lebih besar.   *—yang lŭ-BEEH bŭ-SAR.*

593. —smaller.
—yang lebih kecil.   *—yang lŭ-BEEH kŭ-CHEEL.*

594. —on a [lower] [higher] floor.
—yang di tingkat lebih ke [bawah] [atas].
—yang dee TEENG-kat lŭ-BEEH kŭ [BA-wah] [A-tas].

595. —with more light.
—yang lebih terang.   *—yang lŭ-BEEH TRANG.*

596. —with more air.   —yang lebih baik udaranya.
—yang lŭ-BEEH BA-ee^q oo-da-RA-nya.

597. —more attractively furnished.
—yang lebih bagus perabotnya.
—yang lŭ-BEEH BA-goos pra-BOT-nya.

598. —with a view of the sea.
—yang bisa melihat laut dari situ.
—yang BEE-sa mŭ-LEE-yat lowt DA-ree SEE-too.

599. It's too noisy.
Terlalu ramai ini.   *tŭr-LA-loo RA-mey EE-nee.*

600. This is satisfactory.
Lumayan ini.   *loo-MA-yan EE-nee.*

601. Is there [an elevator]?
Apa ada [lift] di sini?   *A-pa A-da [LEEF] dee SEE-nee?*

602. Upstairs.   Di tingkat atas (OR: Di lantai atas).
dee TEENG-kat A-tas (OR: *dee LAN-tey A-tas*).

603. Downstairs.

Di tingkat bawah (OR: Di lantai bawah).

dee TEENG-kat BA-wah (OR: *dee LAN-tey BA-wah*).

604. What is my room number?

Nomor berapa kamar saya?

NO-mor BRA-pa KA-mar SA-ya?

605. Where is my room key? Mana kunci kamar saya?

MA-na KOON-chee KA-mar SA-ya?

606. Bring my luggage upstairs.

Tolong bawakan barang-barang saya ke atas.

TO-long ba-WA-kan ba-rang-BA-rang SA-ya kŭ A-tas.

607. Tell the chambermaid to get my room ready.

Tolong suruh pelayannya menyiapkan kamar saya.

TO-long SOO-rooh pla-YAN-nya mŭ-nyee-YAP-kan KA-mar SA-ya.

608. Wake me [at eight in the morning].

Tolong bangunkan saya [jam delapan pagi].

TO-long ba-NGOON-kan SA-ya [jam dŭ-LA-pan PA-gee].

609. Do not disturb me until then.

Menjelang itu jangan ganggu, ya.

mŭn-jŭ-LANG EE-too JA-ngan GANG-goo, ya.

610. I want [breakfast] in my room.

Saya mau sarapan di kamar saja.

SA-ya mow sa-RA-pan dee KA-mar SA-ja.

611. Room service, please.

Saya mau bicara sama pelayan kamar.

SA-ya mow bee-CHA-ra SA-ma PLA-yan KA-mar.

612. Please bring me [some ice cubes].

Apa bisa saya dapat [beberapa bungkah es]?

A-pa BEE-sa SA-ya DA-pat [bŭ-BRA-pa BOONG-kah ES]?

613. Do you have [a letter] for me?
Apa ada [surat] buat saya?
A-pa A-da [SOO-rat] BOO-wat SA-ya?

614. —a message. —pesan. —*pŭ-SAN.*

615. —a parcel. —kiriman. —*kee-REE-man.*

616. Send [a chambermaid].
Tolong suruh datang [pelayan kamar].
TO-long SOO-rooh DA-tang [PLA-yan KA-mar].

617. —a valet. —pelayan pria. —*PLA-yan PREE-ya.*

618. —a bellhop. —belboi. —*BEL-boi.*

619. —a waiter. —pelayan. —*PLA-yan.*

620. —a porter. —kuli. —*KOO-lee.*

621. —a messenger. —kurir. —*KOO-reer.*

622. I am expecting [a friend] [a guest].
Saya sedang menunggu [teman] [tamu].
SA-ya sŭ-DANG mŭ-NOONG-goo [tŭ-MAN] [TA-moo].

623. —a telephone call. —telepon. —*TEL-pon.*

624. Has anyone called? Apa ada yang menelpon tadi?
A-pa A-da yang mŭ-nŭl-PON TA-dee?

625. Send him up.
Suruh dia ke sini! *SOO-rooh DEE-ya kŭ SEE-nee!*

626. I shall not be here for lunch.
Saya tidak makan siang di sini nanti.
*SA-ya TEE-daq MA-kan SEE-yang dee SEE-nee
NAN-tee.*

627. May I leave [these valuables] in the hotel safe?
Apa [barang-barang berharga] ini bisa saya titipkan di
tempat penitipan hotel?
*A-pa [ba-rang-BA-rang bŭr-HAR-ga] EE-nee BEE-sa
SA-ya tee-TEEP-kan dee tŭm-PAT pŭ-nee-TEE-pan
HO-tel?*

628. I would like to get [my possessions] from the safe.
Saya mau mengambil kembali [barang-barang saya] dari
 tempat penitipan.
*SA-ya mow mŭ-NGAM-beel kŭm-BA-lee [ba-rang-BA-rang
 SA-ya] DA-ree tŭm-PAT pŭ-nee-TEE-pan.*

629. When must I check out? Kapan saya harus keluar?
KA-pan SA-ya HA-roos KLOO-war?

630. I am leaving [at 10 o'clock].
Saya berangkat [jam sepuluh].
SA-ya BRANG-kat [jam SPOO-looh].

631. Make out my bill [as soon as possible].
Tolong buatkan bonnya [secepatnya].
TO-long boo-WAT-kan BON-nya [sŭ-chŭ-PAT-nya].

632. The cashier. Kasir. *KA-seer.*

633. The doorman.
Penjaga pintu. *pŭn-JA-ga PEEN-too.*

CHAMBERMAID

634. The door doesn't lock.
Pintunya tidak bisa dikunci.
peen-TOO-nya TEE-daq BEE-sa dee-KOON-chee.

635. The [toilet] is broken.
[WCnya] rusak. [*we-SE-nya*] *ROO-saq.*

636. The room is too [cold] [hot].
Kamarnya terlalu [dingin] [panas].
ka-MAR-nya tŭr-LA-loo [DEE-ngeen] [PA-nas].

637. Is this drinking water?
Apa ini air minum? *A-pa EE-nee A-yeer MEE-noom?*

638. Bring me a bottle of boiled drinking water.
Bawakan sebotol air yang sudah dimasuk.
ba-WA-kan sŭ-BO-tol A-yeer yang SOO-dah ***dee-MA-soo***^{q}.

639. There is no hot water. Air panasnya tidak ada.
A-yeer pa-NAS-nya TEE-da^q ***A-da.***

640. Bring me a basin of hot water for bathing.
Bawakan air panas untuk mandi.
ba-WA-kan A-yeer PA-nas OON-too^q ***MAN-dee.***

641. Spray [for insects].
[Serangganya] tolong disemprot.
[*srang-GA-nya*] *TO-long* ***dee-sŭm-PROT.***

642. —for vermin. Kutunya —. *koo-TOO-nya —.*

643. Please wash and iron [this shirt].
Tolong dicuci dan seterikakan [baju ini].
TO-long dee-CHOO-chee dan stree-KA-kan [*BA-joo* ***EE-nee***].

644. Bring me [another blanket].
Kasi saya [selimut satu lagi].
KA-see SA-ya [*SLEE-moot SA-too* ***LA-gee***].

645. Please change the sheets.
Sepreinya tolong diganti.
SPREY-nya TO-long ***dee-GAN-tee.***

646. Make the bed. Bereskan tempat tidurnya.
be-RES-kan tŭm-PAT ***tee-DOOR-nya.***

647. A bath mat. Alas kaki kamar mandi.
A-las KA-kee KA-mar MAN-dee.

648. A bed sheet. Seprei. *sprey.*

649. A candle. Lilin. *LEE-leen.*

650. Some coathangers.
Beberapa hanger. *bŭ-BRA-pa HA-ngŭr.*

651. A glass.   Sebuah gelas.   *sŭ-BWAH GLAS.*

652. A pillow.   Sebuah bantal.   *sŭ-BWAH BAN-tal.*

653. A pillowcase.   Sarung bantal.   *SA-roong BAN-tal.*

654. An adapter for electrical appliances.
Adaptor listrik.   *a-DAP-tor LEES-treek.*

655. Some soap.   Sabun.   *SA-boon.*

656. Some toilet paper.
Kertas kloset.   *kŭr-TAS KLO-set.*

657. A towel.   Handuk.   *HAN-doo^q.*

658. A wash basin.   Wastafel (OR: Waskom).
was-TA-fŭl (OR: WAS-kom).

659. A washcloth.   Lap badan.   *lap BA-dan.*

RENTING AN APARTMENT

**660. I want to rent [a furnished] [an unfurnished] apartment
[with a bathroom].**
Saya mau menyewa sebuah apartemen [berperabot]
[tanpa perabot] [yang ada kamar mandinya].
*SA-ya mow mŭ-NYE-wa sŭ-BWAH a-par-tŭ-MEN
[bŭr-PRA-bot] [TAM-pa PRA-bot] [yang A-da KA-mar
man-DEE-nya].*

661. —with two bedrooms.
—yang punya dua kamar tidur.
—yang POO-nya DOO-wa KA-mar TEE-door.

662. —with a living room.   —yang ada kamar tamunya.
—yang A-da KA-mar ta-MOO-nya.

663. —with a dining room.
—yang ada kamar makannya.
—yang A-da KA-mar ma-KAN-nya.

664. —with a kitchen.
—yang ada dapurnya.   —*yang A-da da-POOR-nya.*

665. Do you furnish [the linen]?
Apa [seprei dan sarung bantal] diberi juga?
A-pa [sprey dan SA-roong BAN-tal] dee-BREE JOO-ga?

666. —the dishes (OR: china).
—piring-piringnya (OR: porselen).
—*pee-reeng-pee-REENG-nya (OR: POR-slen).*

667. Do we have to sign a lease?
Apa kita harus tandatangani kontrak?
A-pa KEE-ta HA-roos tan-da-ta-NGA-nee KON-tra⁹?

APARTMENT: USEFUL WORDS

668. Alarm clock.
Beker (OR: Weker).   *BE-ker (OR: WE-ker).*

669. Ashtray. Asbak.   *as-BA⁹.*

670. Bathtub. Bak mandi.   *ba⁹ MAN-dee.*

671. Bottle opener.
Pembuka botol.   *pŭm-BOO-ka BO-tol.*

672. Broom. Sapu.   *SA-poo.*

673. Can opener.
Pembuka kaleng.   *pŭm-BOO-ka KA-leng.*

674. Chair. Kursi.   *KOOR-see.*

675. Chest of drawers.
Lemari berlaci.   *lŭ-MA-ree bŭr-LA-chee.*

676. Clock. Jam.   *jam.*

677. Closet. Lemari dinding.   *lŭ-MA-ree DEEN-deeng.*

678. Cook. Tukang masak.   *TOO-kang MA-sa⁹.*

679. Cork (stopper). Sumbat. *SOOM-bat.*

680. Corkscrew.
Pencabut sumbat. *pŭn-CHA-boot SOOM-bat.*

681. Curtains. Gorden. *GOR-den.*

682. Cushion. Bantalan kursi. *ban-TA-lan KOOR-see.*

683. Dishwasher. Mesin pencuci piring.
mŭ-SEEN pŭn-CHOO-chee PEE-reeng.

684. Doorbell. Bel. *bel.*

685. Drapes. Tirai. *TEE-rey.*

686. Dryer. Pengering. *pŭ-ngŭ-REENG.*

687. Fan. Kipas angin. *KEE-pas A-ngeen.*

688. Floor. Lantai. *LAN-tey.*

689. Hassock. Bantal lutut. *BAN-tal LOO-toot.*

690. Lamp. Lampu. *LAM-poo.*

691. Light bulb.
Dop (OR: Bola lampu). *dop* (OR: *BO-la LAM-poo*).

692. Mosquito net. Kelambu. *KLAM-boo.*

693. Pail. Ember. *EM-ber.*

694. Rug. Permadani. *pŭr-ma-DA-nee.*

695. Sink. Bak cuci. *baq CHOO-chee.*

696. Switch (light). Tombol. *TOM-bol.*

697. Table. Meja. *ME-ja.*

698. Tablecloth. Taplak meja. *TAP-laq ME-ja.*

699. Terrace. Teras. *TE-ras.*

700. Tray. Baki. *BA-kee.*

701. Vase.
Pot (OR: Jambangan). *pot* (OR: *jam-BA-ngan*).

702. Washing machine.
Mesin cuci.   *mŭ-SEEN CHOO-chee.*

703. Whiskbroom.   Sapu kecil.   *SA-poo kŭ-CHEEL.*

704. Window shades (OR: **Blinds**).
Kerai jendela.   *krey jŭn-DE-la.*

CAFÉ AND BAR

705. Bartender, I'd like [a drink].
Saya mau [minuman], Pak.
SA-ya mow [mee-NOO-man], paq.

706. —a cocktail.   —campuran minuman keras.
—cham-POO-ran mee-NOO-man KRAS.

707. —a whiskey [and soda].*   —wiski [dengan soda].
—WEES-kee [dŭ-NGAN SO-da].

708. —a liqueur.   —sopi manis.   *—SO-pee MA-nees.*

709. —a lemonade.   —limun.   *—LEE-moon.*

710. —a non-alcoholic drink.
*—*minuman ringan.   *—mee-NOO-man REE-ngan.*

711. —a bottled fruit drink.   —setrop.   *—STROP.*

712. —a bottle of [Fanta].
—sebotol [Fanta].   *—sŭ-BO-tol [FAN-ta].*

713. —a [dark] beer.   —bir [hitam].   *—beer [HEE-tam].*

714. —a glass of [red] wine.   —segelas anggur [merah].
—sŭ-GLAS ANG-goor [ME-rah].

---

* Those kinds of liquor not listed here are known by their
English names in Indonesia (when they are known at all).

715. —[white] [rosé] wine.
—anggur [putih] [merah muda].
—*ANG-goor [POO-teeh] [ME-rah MOO-da].*

716. Let's have another.
Mari tambah lagi. *MA-ree TAM-bah LA-gee.*

717. To your health! (LIT.: **Long life!**)
Panjang umurnya! *PAN-jang oo-MOOR-nya!*

RESTAURANT

718. Can you recommend a restaurant serving [Indonesian food (OR: rijsttafel*)]?
Restoran mana yang baik, ya, yang menghidangkan [masakan Indonesia]?
res-TO-ran MA-na yang BA-ee^q, ya, yang mŭng-hee-DANG-kan [ma-SA-kan een-do-NE-see-ya]?

719. —rice with side dishes.*
—nasi rames. *—NA-see RA-mes.*

720. —Chinese food.
—masakan Cina. *—ma-SA-kan CHEE-na.*

---

* *Rijsttafel* is the Dutch word for an Indonesian banquet centering on rice and including a wide variety of accompanying dishes, many of which will be found in the food lists below (pp. 64–75). *Nasi rames* is essentially a less elaborate version of the same thing.

721. Where is there a good ["warung"] ["rumah makan padang"]*?

[Warung] [Rumah makan padang] mana yang baik, ya?

[WA-roong] [*ROO-mah MA-kan PA-dang*] *MA-na yang BA-eeᵍ, ya?*

722. Do you (OR: they) serve [breakfast]?

Apa sedia [sarapan]?   *A-pa sŭ-DEE-ya [sa-RA-pan]?*

723. —lunch.   —makan siang.   —*MA-kan SEE-yang.*

724. At what time is [supper] served?

Jam berapa sedia [makan malam]?

jam BRA-pa sŭ-DEE-ya [MA-kan MA-lam]?

725. Are you my waiter (OR: waitress)?

Apa [(TO M.) saudara] [(TO F.) saudari] yang melayani saya?

A-pa [sow-DA-ra] [sow-DA-ree] yang melayani saya?

726. I prefer a table [by the window].

Saya lebih suka meja yang dekat jendela.

SA-ya lŭ-BEEH SOO-ka ME-ja yang dŭ-KAT jŭn-DE-la.

727. —in the corner.   —di sudut.   —*dee SOO-doot.*

728. —outdoors.   —di luar.   —*dee LOO-war.*

729. —indoors.   —di dalam.   —*dee DA-lam.*

730. I'd like to wash my hands.   Saya mau cuci tangan.

SA-ya mow CHOO-chee TA-ngan.

---

* A *warung* is usually a roofed, open-air structure where food and drinks are served. It will often specialize in one or two types of food. The *warung* fulfills a social function roughly analogous to the French café or the Turkish coffeehouse. A *rumah makan padang* is a restaurant where the diner is presented with an assortment of dishes, from which he selects those he wants. The diner is charged for each dish tasted. What is not touched is not charged.

731. Does the price include vegetables and [rice] [potatoes]?
Apa harga ini termasuk sayur dan [nasi] [kentang]?
A-pa HAR-ga EE-nee tŭr-MA-soo^q SA-yoor dan [NA-see] [kŭn-TANG]?

732. We want to eat lightly.
Kami mau makan ringan saja.
KA-mee mow MA-kan REE-ngan SA-ja.

733. What is the speciality of the house?
Apa yang istimewa di restoran ini?
A-pa yang ees-tee-ME-wa dee res-TO-ran EE-nee?

734. What kind of [fish] do you have?
Ada [ikan] apa saja? *A-da [EE-kan] A-pa SA-ja?*

735. Please serve us as quickly as you can.
Tolong layani secepatnya.
TO-long la-YA-nee sŭ-chŭ-PAT-nya.

736. Call the wine steward.
Tolong panggilkan orang yang melayani anggur.
TO-long pang-GEEL-kan O-rang yang mŭ-la-YA-nee ANG-goor.

737. Bring me [the menu].
Coba kasi [daftar makanannya]?
CHO-ba KA-see [DAF-tar ma-ka-NAN-nya]?

738. —the wine list.
—daftar anggurnya. *—DAF-tar ang-GOOR-nya.*

739. —water [with] [without] ice.
—[air es] [air biasa]. *—[A-yeer ES] [A-yeer bee-YA-sa].*

740. —a napkin. —serbet. *—sŭr-BET.*

741. —bread. —roti. *—RO-tee.*

742. —butter. —mentega. *—mŭn-TE-ga.*

743. —a cup. —cangkir satu. *—CHANG-keer SA-too.*

744. —a fork. —garpu satu. —*GAR-poo SA-too.*

745. —a glass. —gelas satu. —*glas SA-too.*

746. —a [sharp] knife. —pisau [yang tajam] satu.
—*PEE-sow [yang TA-jam] SA-too.*

747. —a plate. —piring satu. —*PEE-reeng SA-too.*

748. —a large (OR: soup) spoon.
—sendok makan (OR: sendok besar).
—*SEN-doᵠ MA-kan* (OR: *SEN-doᵠ bŭ-SAR*).

749. —a saucer.
—cawan (OR: tadah). —*CHA-wan* (OR: *TA-dah*).

750. —a teaspoon. —sendok teh. —*SEN-doᵠ TEH.*

751. I want something [plain].
Saya mau yang [biasa] saja.
SA-ya mow yang [bee-YA-sa] SA-ja.

752. —without meat.
—tanpa daging. —*TAM-pa DA-geeng.*

753. Is it [canned]?
Apa [kalengan] ini? *A-pa [ka-LE-ngan] EE-nee?*

754. —fatty. —berlemak. —*bŭr-lŭ-MAᵠ.*

755. —fresh. —segar. —*sŭ-GAR.*

756. —frozen. —beku. —*bŭ-KOO.*

757. —greasy. —berminyak. —*bŭr-MEE-nyaᵠ.*

758. —lean.
—tak ada lemaknya. —*taᵠ A-da lŭ-MAᵠ-nya.*

759. —very salty. —asin sekali. —*A-seen SKA-lee.*

760. —spicy.
—banyak bumbunya. —*BA-nyaᵠ boom-BOO-nya.*

761. —[not too] spicy (hot). —[tidak terlalu] pedas.
—*[TEE-daᵠ tŭr-LA-loo] pŭ-DAS.*

762. —[very] sweet.
—manis [sekali]. —*MA-nees* [*SKA-lee*].

763. How is it prepared? Bagaimana masaknya ini?
ba-gey-MA-na ma-SA^q-nya EE-nee?

764. Is it [baked (OR: roasted)]?
Apa [dibakar] ini? *A-pa* [*dee-BA-kar*] *EE-nee?*

765. —boiled. —direbus. —*dee-rŭ-BOOS.*

766. —breaded. —ditutupi roti kering.
—*dee-too-TOO-pee RO-tee KREENG.*

767. —chopped. —dicincang. —*dee-CHEEN-chang.*

768. —fried. —digoreng. —*dee-GO-reng.*

769. —grilled. —dipanggang. —*dee-PANG-gang.*

770. —ground. —digiling. —*dee-GEE-leeng.*

771. —on a skewer. —disate. —*dee-SA-te.*

772. This is [spoiled].
Ini [basi] ini. *EE-nee* [*BA-see*] *EE-nee.*

773. —too tough. —terlalu keras. —*tŭr-LA-loo KRAS.*

774. —too dry.
—terlalu kering. —*tŭr-LA-loo KREENG.*

775. I like the meat [rare].
Saya mau dagingnya [setengah mentah].
SA-ya mow da-GEENG-nya [*stŭ-NGAH mŭn-TAH*].

776. —medium.
—setengah matang. —*stŭ-NGAH MA-tang.*

777. —well-done. —dimasak matang-matang.
—*dee-MA-sa^q ma-tang-MA-tang.*

778. The dish is [undercooked].
Masakan ini [kurang masak].
ma-SA-kan EE-nee [*KOO-rang MA-sa^q*].

779. —burned. —hangus. *HA-ngoos.*

780. A little more. Sedikit lagi. *SDEE-keet LA-gee.*

781. A little less.
Kurangi sedikit. *koo-RA-ngee SDEE-keet.*

782. Something else. Yang lain. *yang LA-een.*

783. A small portion. Porsi kecil. *POR-see kŭ-CHEEL.*

784. The next course.
Masakan berikutnya. *ma-SA-kan bree-KOOT-nya.*

785. I have had enough.
Saya sudah kenyang. *SA-ya SOO-dah kŭ-NYANG.*

786. This is [not clean] [dirty].
Ini [ndak bersih] [kotor] ini.
EE-nee [ndaq bŭr-SEEH] [KO-tor] EE-nee.

787. This is too [cold].
Ini terlalu [dingin]. *EE-nee tŭr-LA-loo [DEE-ngin].*

788. I did not order this.
Saya ndak pesan ini. *SA-ya ndaq pŭ-SAN EE-nee.*

789. You may take this away.
Yang ini boleh dibawa pergi.
yang EE-nee BO-leh dee-BA-wa pŭr-GEE.

790. May I change this for [a salad]?
Boleh ini diganti saja dengan [selada]?
BO-leh EE-nee dee-GAN-tee SA-ja dŭ-NGAN [SLA-da]?

791. What flavors do you have?
Ada bumbu apa saja? *A-da BOOM-boo A-pa SA-ja?*

792. The check, please.
Kasi bonnya. *KA-see BON-nya.*

793. Pay at the cashier's desk.
Bayarnya pada kasir. *ba-YAR-nya PA-da KA-seer.*

794. Is the tip included?
Apa sudah termasuk persennya?
A-pa SOO-dah tŭr-MA-soo^q pŭr-SEN-nya?

A-pa SOO-dah tŭr-MA-soo^q pŭr-SEN-nya?

795. There is a mistake in the bill.
Bonnya ada kesalahan ini.
BON-nya A-da kŭ-sa-LA-han EE-nee.

796. What are these charges for?
Ongkos apa pula ini?   *ONG-kos A-pa POO-la EE-nee?*

797. The food and service were excellent.
Masakan dan layanannya baik sekali.
ma-SA-kan dan la-ya-NAN-nya BA-ee^q SKA-lee.

798. Hearty appetite!
Selamat makan!   *SLA-mat MA-kan!*

BEVERAGES
AND BREAKFAST FOODS

799. [Black] coffee. Kopi [pahit].   *KO-pee [PA-yeet].*

800. Hot chocolate. Coklat panas.   *CHO-klat PA-nas.*

801. Tea [with lemon].
Teh [pakai jeruk nipis (OR: limau)].
teh PA-key jŭ-ROO^q NEE-pees (OR: LEE-mow)].

802. —with cream. —pakai krim.   *—PA-key KREEM.*

803. —with milk. —pakai susu.   *—PA-key SOO-soo.*

804. —with saccharine.
—pakai sakarin (OR: pakai seribu manis).
—PA-key sa-KA-reen (OR: PA-key SREE-boo MA-nees).

805. Iced [tea] [coffee].
[Teh] [Kopi] pakai es.   *[teh] [KO-pee] PA-key ES.*

806. Fruit juice. Sari buah. *SA-ree BOO-wah.*

807. Orange juice.
Air jeruk (manis). *A-yeer jŭ-ROOᑫ (MA-nees).*

808. Tomato juice. Air tomat. *A-yeer TO-mat.*

809. [Dark] [White] bread.
Roti [hitam] [putih]. *RO-tee [HEE-tam] [POO-teeh].*

810. Pastry. Kue kering. *KOO-we KREENG.*

811. [Soft] [hard] rolls.
Roti bolu [empuh] [keras].
RO-tee BO-loo [ŭm-POOH] [KRAS].

812. Toast. Roti panggang. *RO-tee PANG-gang.*

813. Jam. Sele. *slay.*

814. Oatmeal. Havermut. *ha-fŭr-MOOT.*

815. Porridge (usually rice). Bubur. *BOO-boor.*

816. Pancakes. Panekuk (OR: Kue dadar).
pa-nŭ-KOOᑫ (OR: KOO-we DA-dar).

817. Bacon [and eggs].
[Telur sama] spek. *[tŭ-LOOR SA-ma] SPEᑫ.*

818. Ham. Ham. *ham.*

819. [Soft-boiled] [Hard-boiled] eggs.
Telur [rebus setengah matang] [rebus].
tŭ-LOOR [rŭ-BOOS stŭ-NGAH MA-tang] [rŭ-BOOS].

820. Fried eggs. Telur goreng. *tŭ-LOOR GO-reng.*

821. Poached eggs.
Isi telur direbus. *EE-see tŭ-LOOR dee-rŭ-BOOS.*

822. Scrambled eggs. Telur aduk. *tŭ-LOOR A-dooᑫ.*

823. Omelet. Telur dadar. *tŭ-LOOR DA-dar.*

FOOD: SEASONINGS*

824. Asam. *A-sam.* Tamarind.

825. Bawang putih. *BA-wang POO-teeh.* Garlic.

826. Cabe (OR: **Lombok**). *CHA-be* (OR: *LOM-bo^q*). Hot chilli peppers.

827. Cabe rawit. *CHA-be RA-weet.*
Bird peppers (small, extremely hot peppers).

828. Ebi. *E-bee.* Dried shrimp.

829. Garam. *GA-ram.* Salt.

830. Gula. *GOO-la.* Sugar.

831. Jahe. *JA-ye.* Ginger.

832. Kecap. *KE-chap.* Soy sauce.

833. Ketumbar. *kŭ-TOOM-bar.* Coriander.

834. Kunyit. *KOO-nyeet.* Turmeric.

835. Lada merah. *LA-da ME-rah.* Red pepper.

836 Merica. *MREE-cha.* Black pepper.

837. Minyak. *MEE-nya^q.* Oil.

838. Mostar [yang pedas] [yang tidak pedas].
MOS-tar [yang pŭ-DAS] [yang TEE-da^q pŭ-DAS].
[Hot] [Mild] mustard.

839. Petis. *pŭ-TEES.* Fish paste.

840. Bumbu-bumbu (OR: **Rempah-rempah**).
boom-boo-BOOM-boo (OR: *rŭm-pah-rŭm-PAH*).
Condiments.

---

* The following sections, which include both basic foods and
Indonesian dishes made from them, as well as some Western
dishes, have been alphabetized according to the Indonesian for
ease of reference. You can use the index to find the Indonesian
translation of English culinary terms quickly.

841. Santen. *SAN-tŭn.* Coconut milk,

842. Saus selada. *sows SLA-da.* Mayonnaise.

843. Saus tomat. *sows TO-mat.* Catsup.

844. Seledri. *SLE-dree.*
Celery (small variety used as an herb).

MEATS AND MEAT DISHES

845. Babat. *BA-bat.* Tripe.

846. Babi* asam pedas. *BA-bee A-sam pŭ-DAS.*
Pork in hot-and-sour sauce.

847. Besengek daging sapi.
bŭ-sŭ-NGE^q DA-geeng SA-pee.
Boiled beef in spicy sauce.

848. Binatang buruan. *bee-NA-tang boo-ROO-wan.*
Game.

849. Bistik. *BEES-tee^q.* Steak.

850. Daging redang. *DA-geeng rŭ-DANG.*
Meat cooked in coconut milk.

851. Daging sapi. *DA-geeng SA-pee.* Beef.

852. Daging sapi cincang.
DA-geeng SA-pee CHEEN-chang. Ground beef.

853. Daging sapi gulung. *DA-geeng SA-pee GOO-loong.*
Stuffed rolls of sliced beef.

854. Daging sapi panggang.
DA-geeng SA-pee PANG-gang.
Roast (OR: Grilled) beef.

  * Since Indonesia is a largely Islamic nation, many restaurants
do not serve pork.

855. Daging rusa. *DA-geeng ROO-sa.* Venison.

856. Dendeng [pedas]. *DEN-deng [pŭ-DAS].*
Dried beef strips [in spicy sauce].

857. Domba. *DOM-ba.* Lamb (OR: Mutton).

858. Ginjal. *GEEN-jal.* Kidneys.

859. Goreng babat asam pedas.
GO-reng BA-bat A-sam pŭ-DAS.
Hot-and-sour fried tripe.

860. Gulai otak. *GOO-ley O-ta^q.*
Brains in spicy coconut sauce.

861. Hati. *HA-tee.* Liver.

862. Jantung. *JAN-toong.* Heart.

863. Kambing. *KAM-beeng.* Goat.

864. Otak. *O-ta^q.* Brains.

865. Perkadel. *pŭr-ka-DEL.* Meatballs.

866. Panggang kambing. *PANG-gang KAM-beeng.*
Roast goat or kid.

867. Rawon. *RA-won.* Diced beef in spicy black sauce.

868. Sate babi. *SA-te BA-bee.*
Marinated, grilled strips of pork.

869. Semur babi. *smoor BA-bee.*
Pork cooked in soy sauce.

870. Semur daging sapi. *smoor DA-geeng SA-pee.*
Beef cooked in soy sauce.

871. Semur lidah. *smoor LEE-dah.*
Boiled tongue in soy sauce.

872. Sosis. *SO-sees.* Sausage.

873. Soto daging sapi. *SO-to DA-geeng SA-pee.*
Thick, spicy beef soup or stew.

POULTRY AND POULTRY DISHES

874. Abon [ayam].   *A-bon [A-yam].*
Fried shredded [chicken] with spices.

875. Angsa.   *ANG-sa.*   Goose.

876. Ayam [panike].   *A-yam [pa-NEE-ke].*
Chicken [in aromatic sauce].

877. Ayam panggang bumbu besengek.
A-yam PANG-gang BOOM-boo bŭ-sŭ-NGEᵠ.
Roast and grilled chicken in coconut sauce.

878. Ayam tauco.   *A-yam TOW-cho.*
Chicken cooked with fermented yellow beans.

879. Itik (OR: **Bebek**).   *EE-teeᵠ* (OR: *BE-beᵠ*).   Duck.

880. Itik (OR: **Bebek**) **hijau.**
EE-teeᵠ (OR: *BE-beᵠ*) *HEE-jo.*
Duck in green chilli sauce.

881. Gudeg.   *GOO-deg.*   Chicken with jackfruit.

882. Kalkun.   *KAL-koon.*   Turkey.

883. Lapis ayam.   *LA-pees A-yam.*
Layered steamed chicken.

884. Merpati (OR: **Burung dara**).
mŭr-PA-tee (OR: *BOO-roong DA-ra*).   Pigeon.

885. Opor ayam.   *O-por A-yam.*
Chicken in white coconut sauce.

886. Semur ayam.   *smoor A-yam.*   Chicken in soy sauce.

887. Soto ayam.   *SO-to A-yam.*
Thick, spicy chicken soup or stew.

888. Terik ayam.   *treeᵠ A-yam.*
Chicken in thick macadamia-nut sauce.

SEAFOOD AND SEAFOOD DISHES

889. Garang asam ikan. *GA-rang A-sam EE-kan.*
Spiced fish steaks.

890. Goreng [cumi-cumi].
GO-reng [choo-mee-CHOO-mee].   Fried [squid].

891. Ikan asam manis. *EE-kan A-sam MA-nees.*
Fish in a sour-and-sweet sauce.*

892. Ikan asap. *EE-kan A-sap.*   Smoked fish.

893. Ikan bandeng. *EE-kan BAN-dŭng.*   Milkfish.

894. Ikan darat (OR: **air tawas**).
EE-kan DA-rat (OR: *A-yeer TA-was*).   Freshwater fish.

895. Ikan dari sungai. *EE-kan DA-ree SOO-ngey.*
River fish.

896. Ikan gurita. *EE-kan goo-REE-ta.*   Octopus.

897. Ikan kering (OR: **Greh**). *EE-kan kreeng* (OR: *greh*).
Dried fish.

898. Ikan laut. *EE-kan lowt.*   Sea fish.

899. Ikan mas. *EE-kan mas.*   Carp.

900. Ikan todak. *EE-kan TO-daq.*   Swordfish.

901. Ikan tongkol. *EE-kan TONG-kol.*
Tuna (OR: Mackerel).

902. Kakap. *KA-kap.*   A sea fish similar to sole.

903. Kare ikan. *KA-re EE-kan.*   Fish curry.†

904. Kepiting [pedas]. *kŭ-PEE-teeng [pŭ-DAS].*
[Spicy hot] crab.

---

* Not the same as Chinese sweet-and-sour sauce.

† Usually a somewhat different mixture of spices than Indian curry.

905. Pais udang. *PA-yees OO-dang.*
Shrimp cooked in bamboo leaves with spices.

906. Pindang [ikan]. *PEEN-dang [EE-kan].*
[Fish] cooked with tamarind.

907. Remis (OR: **Kepah**). *rŭ-MEES* (OR: *kŭ-PAH*).
Mussels.

908. Remis besar. *rŭ-MEES bŭ-SAR.* Clams.

909. Rempah-rempah udang.
rŭm-pah-rŭm-PAH OO-dang.
Shrimp and bean-sprout fritters.

910. Sarden. *SAR-den.* Sardines.

911. Tiram. *TEE-ram.* Oysters.

912. Udang goreng. *OO-dang GO-reng.* Fried shrimp.

913. Udang karang. *OO-dang KA-rang.*
Lobster (OR: Crayfish).

VEGETABLES AND STARCHES

914. Acar campur. *A-char CHAM-poor.*
Cooked vegetable salad.

915. Bak mie. *ba^q mee.*
Chow mein-like dish with noodles.

916. Bak pao. *ba^q pow.*
Steamed rice cake with meat filling.

917. Bawang. *BA-wang.* Onions.

918. Bayam. *BA-yam.* Spinach-like vegetable.

919. Buah zaitun. *BOO-wah ZIE-toon.* Olives.

920. Buncis (OR: **Boncis**). *BOON-chees* (OR: *BON-chees*).
Green beans.

921. Buntil. *BOON-teel.*
Taro leaves with spiced coconut filling.

922. Buras. *BOO-ras.* Steamed, stuffed rice dish.

923. Cap cay. *chap chie.* Chop suey.

924. Cendawan (OR: **Jamur**).
chŭn-DA-wan (OR: *JA-moor*). Mushrooms.

925. Daun selada. *down SLA-da.* Lettuce.

926. Daun sup (OR: **Peterseli**).
down soop (OR: *pe-ter-SE-lee*). Parsley.

927. Gado-gado. *ga-do-GA-do.*
Mixed vegetable salad with peanut sauce.

928. Gadon tahu. *GA-don tow.*
Steamed bean curd with coconut and chilli peppers.

929. Kacang. *KA-chang.* Peanuts.

930. Kacang hijau. *KA-chang HEE-jo.*
Mung beans (LIT.: Green beans).

931. Kacang panjang. *KA-chang PAN-jang.*
"Yard-long" beans.

932. Kangkung. *KANG-koong.*
A vegetable similar to spinach.

933. Kecai (OR: **Sawi**). *KE-chey* (OR: *SA-wee*).
Chinese cabbage.

934. Kentang. *kŭn-TANG.* Potatoes.

935. Kentang [goreng] [tumbuk].
kŭn-TANG [GO-reng] [TOOM-boo^{q}*].*
[Fried] [Mashed] potatoes.

936. Kentang [panggang] [rebus].
kŭn-TANG [PANG-gang] [rŭ-BOOS].
[Baked] [Boiled] potatoes.

937. Ketimun. *kŭ-1 EE-moon.* Cucumbers.

938. Kol. *kol.* Cauliflower.

939. Kubis (OR: **Kobes**). *KOO-bees* (OR: *KO-bes*). Cabbage.

940. Lemper. *lŭm-PER.*
Sticky rice cake with meat filling.

941. Mihon. *MEE-yon.* Noodles.

942. Nasi [ayam]. *NA-see [A-yam].*
Rice [with chicken].

943. Nasi goreng. *NA-see GO-reng.*
Indonesian-style fried rice.

944. Nasi kebuli. *NA-see kŭ-BOO-lee.*
Savory rice with crisp-fried chicken.

945. Nasi kuning. *NA-see KOO-neeng.*
Yellow rice (colored with turmeric).

946. Oseng-oseng campur. *o-seng-O-seng CHAM-poor.*
Stir-fried mixed vegetables.

947. Pecel. *pŭ-CHŬL.* Mixed vegetable salad.

948. Pergedel [kentang] [jagung].
pŭr-gŭ-DEL [kŭn-TANG] [JA-goong].
[Potato] [Sweet corn] fritters.

949. Sayur [bayam]. *SA-yoor [BA-yam].*
Thick, spicy vegetable soup or stew [with spinach].

950. Sayur kuning. *SA-yoor KOO-neeng.*
Thick, spicy vegetable and meat soup or stew with turmeric.

951. Sayur lodeh. *SA-yoor LO-deh.*
Rich, spicy vegetable soup or stew.

952. Semur terong. *smoor trong.*
Eggplant in soy sauce.

953. Soon. *SO-on.*   Bean threads.

954. Spageti. *spa-GE-tee.*   Spaghetti.

955. Tahu. *tow.*   Bean curd.

956. Tahu campur. *tow CHAM-poor.*
Salad with bean curd and deep-fried wafers.

957. Talas. *TA-las.*   Taro root.

958. Tawgi (OR: **Taoge**). *TOW-gee* (OR: *TOW-ge*).
Bean sprouts.

959. Tempe. *TEM-pe.*
Tempeh (fermented soybean cake).

960. Terik tempe. *tree^q TEM-pe.*
Tempeh in thick macadamia-nut sauce.

961. Tomat. *TO-mat.*   Tomatoes.

962. Urap. *OO-rap.*
Vegetable (cooked or raw) salad with coconut dressing.

963. Wortel. *WOR-tel.*   Carrot.

SIDE DISHES

964. Krupuk [udang] [ikan].
KROO-poo^q [OO-dang] [EE-kan].
Deep-fried wafers made of rice flour and [shrimp] [fish].

965. Martabak. *mar-TA-ba^q.*   Savory meat pancakes.

966. Rempeyek [bayam] [teri].
rŭm-PE-ye^q [BA-yam] [tree].
[Spinach] [Dried anchovies] deep-fried in batter.

967. Serundeng. *SROON-deng.*
Roasted grated coconut.

968. Sambal. *SAM-bal.*
A thick, spicy sauce eaten with rice.

969. Sambal goreng [daging sapi] [udang].
SAM-bal GO-reng [DA-geeng SA-pee] [OO-dang].
Fried [beef] [shrimp] *sambal.*

970. Sambal kelapa. *SAM-bal kŭ-LA-pa.*
Coconut *sambal.*

971. Sambal tauco. *SAM-bal TOW-cho.*
Sambal with fermented yellow beans.

972. Sambal terasi. *SAM-bal TRA-see.*
Sambal with shrimp paste.

973. Sambal ulek. *SAM-bal OO-le^q.*
Crushed chilli peppers.

FRUITS AND FRUIT DISHES

974. Apel. *A-pŭl.* Apple.

975. Arbei. *AR-bey.* Strawberries.

976. Atpokat. *AT-po-kat.* Avocado.

977. Belimbing. *BLEEM-beeng.*
Carambola (star-shaped fruit with juicy flesh and thin skin).

978. Blewah. *BLE-wah.* Cantaloupe.

979. Buah anggur. *BOO-wah ANG-goor.* Grapes.

980. Buah ara. *BOO-wah A-ra.* Figs.

981. Buah ceri. *BOO-wah CHE-ree.* Cherries.

982. Buah prem yang dikeringkan.
BOO-wah prŭm yang dee-KREENG-kan. Prunes.

983. Jambu. *JAM-boo.*
Pink or white heart-shaped fruit.

984. Jeruk bali. *jŭ-ROOq BA-lee.*
Shaddock (related to grapefruit, eaten like an orange).

985. Jeruk manis. *jŭ-ROOq MA-nees.* Orange.

986. Limau (OR: **Jeruk peras**).
LEE-mow (OR: *jŭ-ROOq pras*). Lemon.

987. Mangga. *MANG-ga.* Mango.

988. Durian. *doo-REE-yan.*
A fruit similar to jackfruit and famous for its aroma.

989. Frambus. *FRAM-boos.* Raspberry.

990. Jeruk kepruk. *jŭ-ROOq kŭ-PROOq.* Tangerine.

991. Kelapa. *kŭ-LA-pa.* Coconut.

992. Kurma. *KOOR-ma.* Dates.

993. Manggis. *MANG-gees.*
Mangosteen (apple-size fruit with sweet white flesh inside
  a bitter skin).

994. Nangka. *NANG-ka.*
Jackfruit (large, strong-smelling fruit with edible flesh and
  seeds scattered in the interior).

995. Nenas. *nŭ-NAS.* Pineapple.

996. [Sekeping] pamplemus.
[sŭ-kŭ-PEENG] pam-plŭ-MOOS. [A half] grapefruit.

997. Pepaya. *pŭ-PA-ya.* Papaya.

998. Pisang [goreng]. *PEE-sang [GO-reng].*
[Fried] banana.

999. Prem. *prŭm.* Plums.

1000. Rujak. *ROO-jaq.* Hot, spicy fruit salad.

1001. Rambutan. *ram-BOO-tan.*
A hairy fruit similar to lychees.

1002. Sawo. *SA-wo.*
Sapodilla (an apricot-size fruit with brown flesh).

1003. Semangka air. *SMANG-ka A-yeer.*
Watermelon.

SWEETS AND DESSERTS

1004. Es krim [panili] [coklat].
es kreem [pa-NEE-lee] [CHO-klat].
[Vanilla] [Chocolate] ice cream.

1005. Keju. *KE-joo.* Cheese.

1006. Kolak [ubi] [labu]. *KO-la^q [OO-bee] [LA-boo].*
[Sweet potatoes] [Pumpkin] in coconut syrup.

1007. Kue. *KOO-we.*
General term for cakes, cookies, etc.

1008. Kue lapis. *KOO-we LA-pees.* Layer cake.

1009. Kue mangkok. *KOO-we MANG-ko^q.* Cupcake.

1010. Nagasari. *na-ga-SA-ree.* Rice cake with bananas.

1011. Pastel. *PAS-tel.* Pie (OR: Pastry).

1012. Poding. *PO-deeng.* Pudding (OR: Custard).

1013. Putu. *POO-too.* Steamed sweet cake.

1014. Tapai. *TA-pey.* Fermented cassava.

1015. Wajik. *WA-jee^q.* Sweet sticky rice cake.

1016. Wingko (OR: **Bingka**).
WEENG-ko (OR: *BEENG-ka*).
Rice-flour cake made with yeast.

SIGHTSEEING

1017. I want a licensed guide [who speaks English].

Saya perlu seorang pramuwisata resmi [yang bisa berbahasa Inggeris].

SA-ya pǔr-LOO sǔ-O-rang pra-moo-wee-SA-ta rǔs-MEE [yang BEE-sa bǔr-ba-HA-sa EENG-grees].

1018. How long will the excursion take?

Perjalanan ini berapa lama?

pǔr-ja-LA-nan EE-nee BRA-pa LA-ma?

1019. Do I have to book in advance?

Apa perlu saya pesan di muka?

A-pa pǔr-LOO SA-ya pǔ-SAN dee MOO-ka?

1020. Are admission tickets and a snack included?

Apakah itu termasuk karcis masuk dan makanan ringan?

A-pa-kah EE-too tǔr-MA-soo^q KAR-chees MA-soo^q dan ma-KA-nan REE-ngan?

1021. What is the charge for a trip [to the island]?

Berapa ongkos perjalanan [ke pulau itu]?

BRA-pa ONG-kos pǔr-ja-LA-nan [kǔ POO-low EE-tu]?

1022. —to the mountain.

—ke gunung itu.   —*kǔ GOO-noong EE-too.*

1023. —to the sea.   —ke laut itu.   —*kǔ lowt EE-too.*

1024. —around the city.

—berkeliling kota itu.   —*bǔr-KLEE-leeng KO-ta EE-too.*

1025. Call me [tomorrow] at my hotel at 8 A.M.

Telepon saya di hotel saya [besok] jam delapan pagi.

TEL-pon SA-ya dee HO-tel SA-ya [BE-so^q] jam dǔ-LA-pan PA-gee.

1026. Where are the sights of interest?

Mana tempat-tempat yang menarik?

MA-na tǔm-pat-tǔm-PAT yang mǔ-NA-ree^q?

1027. What is that building?
Bangunan apa itu? *ba-NGOO-nan A-pa EE-too?*

1028. How old is it? Sudah berapa umurnya itu?
SOO-dah BRA-pa oo-MOOR-nya EE-tu?

1029. Can we go in?
Apa boleh kita masuk? *A-pa BO-leh KEE-ta MA-soo^q?*

1030. I am interested in [architecture].
Saya tertarik dengan [arsitektur].
SA-ya tŭr-TA-ree^q dŭ-NGAN [ar-see-TEK-toor].

1031. —archeology. —arkeologi. —*ar-ke-yo-LO-gee.*

1032. —statues (OR: sculpture).
—patung (OR: seni pahat).
—*PA-toong (OR: snee PA-hat).*

1033. —painting. —lukisan. —*loo-KEE-san.*

1034. —folk art.
—kesenian rakyat. —*kŭ-sŭ-NEE-yan RA^q-yat.*

1035. —native arts and crafts.
—kesenian dan kerajinan setempat.
—*kŭ-sŭ-NEE-yan dan kra-JEE-nan stŭm-PAT.*

1036. —modern art.
—kesenian moderen. —*kŭ-sŭ-NEE-yan mo-DE-rŭn.*

1037. I should like to see [the park].
Saya ingin sekali melihat [taman].
SA-ya EE-ngin SKA-lee mŭ-LEE-yat [TA-man].

1038. —the cathedral. —katedral. —*ka-tŭ-DRAL.*

1039. —the countryside.
—daerah pedesaan. —*da-E-rah pŭ-de-SA-an.*

1040. —the library.
—perpustakaan. —*pŭr-poos-ta-KA-an.*

1041. —the temples.
—candi-candi. —*chan-dee-CHAN-dee.*

1042. —the castle. —istana. —*ees-TA-na.*

1043. —the zoo.
—kebun binatang. —*kŭ-BOON bee-NA-tang.*

1044. Let's take a walk around [the botanical garden].
Mari jalan-jalan sekeliling [kebun raya].
MA-ree ja-lan-JA-lan SKLEE-leeng [kŭ-BOON RA-ya].

1045. Is it really worth seeing or is it just a tourist trap?
Apa betul-betul patut dilihat apa hanya untuk menjebak
  turis saja?
*A-pa bŭ-tool-bŭ-TOOL PA-toot dee-LEE-yat A-pa
  HA-nya OON-tooꟼ mŭn-jŭ-BAꟼ TOO-rees SA-ja?*

1046. A beautiful view! Pemandangannya bagus sekali.
pŭ-man-da-NGAN-nya BA-goos SKA-lee.

1047. Very interesting.
Menarik sekali. *mŭ-NA-reeꟼ SKA-lee.*

1048. Magnificent! Bagus sekali. *BA-goos SKA-lee.*

1049. We are enjoying ourselves.
Kami senang sekali. *KA-mee sŭ-NANG SKA-lee.*

1050. I am bored. Saya bosan. *SA-ya BO-san.*

1051. When does the museum [open] [close]?
Kapan [buka] [tutup] museumnya?
KA-pan [BOO-ka] [TOO-toop] moo-se-OOM-nya?

1052. Is this the way [to the entrance]?
Apa ini jalan [ke pintu masuk]?
A-pa EE-nee JA-lan kŭ [PEEN-too MA-sooꟼ]?

1053. —to the exit. —ke luar. —*KLOO-war.*

1054. Let's visit the fine arts gallery.
Mari ke sanggar seni rupa!
MA-ree kŭ SANG-gar snee ROO-pa!

1055. Let's stay longer. Tunggu sebentar lagi, yo.
TOONG-goo sŭ-bŭn-TAR LA-gee, yo.

1056. Let's leave now.
Ayo pergi sekarang. *a-YO pŭr-GEE SKA-rang.*

1057. We must be back by 5 o'clock.
Kita harus pulang sebelum jam lima.
KEE-ta HA-roos POO-lang sŭ-BLOOM jam LEE-ma.

1058. If there is time, let's rest a while.
Kalau ada waktu, istirahat sebentar, yo.
KA-low A-da WAK-too, ees-tee-RA-hat sŭ-bŭn-TAR, yo.

WORSHIP

1059. Altar. Altar. *AL-tar.*

1060. Catholic church.
Gereja Katolik. *GRE-ja ka-TO-lee^q.*

1061. Choral music. Musik kur. *MOO-seek KOOR.*

1062. Collection plate.
Piring kolekte. *PEE-reeng ko-LEK-tŭ.*

1063. Communion. Komuni. *ko-MOO-nee.*

1064. Confession.
Pengakuan dosa. *pŭ-nga-KOO-wan DO-sa.*

1065. Contribution. Sumbangan. *soom-BA-ngan.*

1066. Mass. Misa. *MEE-sa.*

1067. Minister. Pendeta. *pŭn-DE-ta.*

1068. Mosque. Mesjid. *mŭsh-JEET.*

1069. Small mosque (in a village or neighborhood for daily prayer).
Langgar (OR: Mushola). *LANG-gar* (OR: *moo-SO-la*).

1070. Muslim prayers.
Solat (OR: Salat). *SO-lat* (OR: *SA-lat*).

1071. Muslim clergyman. Imam. *EE-mam.*

1072. Prayers. Doa. *DO-ᵠa.*

1073. Prayer book.
Buku sembahyang. *BOO-koo sŭm-BAH-yang.*

1074. Priest. Pastor (Roma). *PAS-tor (RO-ma).*

1075. Protestant church.
Gereja Protestan. *GRE-ja pro-TES-tan.*

1076. Rabbi. Rabi. *RA-bee.*

1077. Religious school.
Sekolah agama. *SKO-lah a-GA-ma.*

1078. Synagogue. Sinagoga. *see-na-GO-ga.*

1079. Sermon. Khotbah. *KHOT-bah.*

1080. Services. Kebaktian. *kŭ-bak-TEE-yan.*

1081. Sunday school.
Sekolah Minggu. *SKO-lah MEENG-goo.*

ENTERTAINMENTS

1082. Is there [a matinée] today?
Apa [main siang] hari ini?
A-pa [MA-een SEE-ang] HA-ree EE-nee?

1083. Has [the show] begun?
Apa [pertunjukannya] sudah mulai?
A-pa [pŭr-toon-joo-KAN-nya] SOO-dah MOO-lie?

1084. What is playing now? Apa yang main sekarang?
A-pa yang MA-een SKA-rang?

1085. Have you any seats for tonight?
Apa masih punya tempat buat malam ini?
*A-pa MA-seeh POO-nya **tŭm-PAT** BOO-wat MA-lam EE-nee?*

1086. How much is [an orchestra seat]?
[Tempat duduk di depan] berapa?
*[tŭm-PAT DOO-doo[q] dee dŭ-PAN] **BRA-pa?***

1087. —a balcony seat. Tempat duduk balkon —.
tŭm-PAT DOO-doo[q] BAL-kon —.

1088. Not too far from the stage.
Tidak terlalu jauh dari pentas.
*TEE-da[q] tŭr-LA-loo jowh DA-ree **PEN-tas.***

1089. Here is my stub. Ini sobekan karcis saya.
*EE-nee so-BE-kan KAR-chees **SA-ya.***

1090. Can I see and hear well from there?
Apa bisa terlihat dan terdengar jelas dari sana?
*A-pa BEE-sa tŭr-LEE-yat dan tŭr-dŭ-NGAR **jŭ-LAS** DA-ree SA-na?*

1091. Follow [the usher]. Ikuti [penjaga pintunya].
*ee-KOO-tee [pŭn-JA-ga **peen-TOO-nya**].*

1092. Is smoking permitted here?
Boleh merokok di sini?
*BO-leh **mŭ-RO-ko[q]** dee SEE-nee?*

1093. How long is the intermission?
Istirahatnya berapa lama?
*ees-tee-ra-HAT-nya BRA-pa **LA-ma?***

1094. When does the program [begin] [end]?
Kapan [mulai] [selesai] acaranya?
***KA-pan** [MOO-lie] [sŭ-lŭ-SEY] a-cha-RA-nya?*

1095. Everyone enjoyed the show.
Semua orang senang pertunjukannya.
sŭ-MOO-wa O-rang sŭ-NANG pŭr-toon-joo-KAN-nya.

1096. The ballet.   Balet.   *BA-let.*

1097. The box office.   Loket.   *LO-ket.*

1098. The circus.   Sirkus.   *SEER-koos.*

1099. The concert.   Konser.   *KON-ser.*

1100. The folk dances.
Tarian rakyat.   *ta-REE-yan RAᵠ-yat.*

1101. Folk play with dance, singing and instrumental music.
Ketoprak.   *kŭ-TO-praᵠ.*

1102. The gambling casino.   Kasino.   *ka-SEE-no.*

1103. The gamelan (Indonesian orchestra).
Gamelan.   *ga-mŭ-LAN.*

1104. The [beginning] [end] of the line.
[Permulaan] [Akhir] antrian.
[pŭr-moo-LA-an] [A-kheer] an-TREE-yan.

1105. The movies.   Bioskop.   *BYOS-kop.*

1106. The musical comedy.
Komedi musikal.   *ko-mŭ-DEE moo-SEE-kal.*

1107. The nightclub.   Klab malam.   *klab MA-lam.*

1108. The opera glasses.   Teropong.   *TRO-pong.*

1109. The opera [house].
[Gedung] opera.   *[gŭ-DOONG] O-pra.*

1110. The performance.
Pertunjukan.   *pŭr-toon-JOO-kan.*

1111. The puppet show.
Wayang (golek).   *WA-yang (GO-leᵠ).*

1112. The reserved seat.
Tempat duduk yang sudah dipesan.
tŭm-PAT DOO-dooq yang SOO-dah dee-pŭ-SAN.

1113. The shadow play.
Wayang kulit.   *WA-yang KOO-leet.*

1114. The sports event.   Pertandingan olah raga.
pŭr-tan-DEE-ngan O-lah RA-ga.

1115. Standing room.
Tempat berdiri.   *tŭm-PAT bŭr-DEE-ree.*

1116. The theatre.
Gedung pertunjukan.   *gŭ-DOONG pŭr-toon-JOO-kan.*

1117. Traditional epic theater.
Wayang orang.   *WA-yang O-rang.*

1118. The ticket window.   Loket.   *LO-ket.*

1119. The variety show.   Aneka ria.   *a-NE-ka REE-ya.*

NIGHTCLUB AND DANCING

1120. How much is [the admission charge]?
[Karcis masuk] berapa?
[KAR-chees MA-sooq] BRA-pa?

1121. —the cover charge.
Uang duduk —.   *OO-wang DOO-dooq —.*

1122. —the minimum charge.
Minimumnya —.   *mee-nee-MOOM-nya —.*

1123. Is there a floor show?
Ada pertunjukannya?   *A-da pŭr-toon-joo-KAN-nya?*

1124. Where can we go to dance?
Di mana bisa dansa?   *dee MA-na BEE-sa DAN-sa?*

1125. May I have this dance?
Ayo turun, yo! *A-yo TOO-roon, YO!*

1126. You dance very well.
Wah, pintar dansa, ya! *wah, PEEN-tar DAN-sa, YA!*

1127. Will you play [a waltz]?*
Bisa main [wals]? *BEE-sa MA-een [WALS]?*

1128. —rock music. —musik rok. *—MOO-see⁹ ROK.*

1129. The discotheque. Disko. *DEES-ko.*

SPORTS AND GAMES

1130. We want to play [soccer].
Kami mau main [sepak-bola].
KA-mee mow MA-een [se-pa⁹-BO-la].

1131. —basketball.
—bola keranjang. *—BO-la KRAN-jang.*

1132. —cards. —kartu. *—KAR-too.*

1133. —golf. —golf. *—GOLF.*

1134. —ping-pong. —ping-pong. *—PEENG-pong.*

1135. —tennis. —tenis. *—TE-nees.*

1136. —volley ball.
—bola voli (OR: voli). *—BO-la FO-lee* (OR: *FO-lee*).

1137. Do you play [chess]?
Bisa main [catur]? *BEE-sa MA-een [CHA-toor]?*

1138. —checkers. —dam. *—DAM.*

1139. Let's go swimming.
Ayo berenang! *A-yo brŭ-NANG!*

---

* For other Western dances, use the English names.

1140. Let's go to [the swimming pool].
Ayo ke [kolam renang].   *A-yŏ kŭ* [*KO-lam rŭ-NANG*].

1141. —the beach.   —pantai.   —*PAN-tey.*

1142. —the horse races.
—pacuan kuda.   —*pa-CHOO-wan KOO-da.*

1143. —the soccer game.   —pertandingan sepakbola.
—*pŭr-tan-DEE-ngan se-paᵍ-BO-la.*

144. I need [golf equipment].   Saya perlu [peralatan golf].
SA-ya pŭr-LOO [*pra-LA-tan GOLF*].

1145. —fishing tackle.
—alat memancing.   —*A-lat mŭ-MAN-cheeng.*

1146. —a tennis racket.
—raket tenis.   —*RA-ket TE-nees.*

1147. Can we go [fishing]?
Bisa pergi [mancing]?   *BEE-sa pŭr-GEE* [*MAN-cheeng*]?

1148. —horseback riding.
—menunggang kuda.   —*mŭ-NOONG-gang KOO-da.*

1149. —roller skating.
—main sepatu roda.   —*MA-een SPA-too RO-da.*

HIKING AND CAMPING

1150. How long a walk is it to the youth hostel?
Kalau jalan kaki berapa lama ke graha wisata remaja?
*KA-low JA-lan KA-kee BRA-pa LA-ma kŭ GRA-ha
wee-SA-ta rŭ-MA-ja?*

1151. Are sanitary facilities available?
Apa ada WCnya?   *A-pa A-da we-SE-nya?*

1152. Campsite.
Tempat berkemah.   *tŭm-PAT bŭr-KE-mah.*

1153. Camping equipment.
Peralatan berkemah. *pra-LA-tan bŭr-KE-mah.*

1154. Camping permit.
Izin berkemah. *EE-zeen bŭr-KE-mah.*

1155. Cooking utensils.
Alat-alat masak. *a-lat-A-lat MA-saᵠ.*

1156. Fire. Api. *A-pee.*

1157. Firewood. Kayu api. *KA-yoo A-pee.*

1158. Footpath. Jalan setapak. *JA-lan STA-paᵠ.*

1159. Hike. Jalan kaki. *JA-lan KA-kee.*

1160. Picnic. Piknik. *PEEᵠ-neeᵠ.*

1161. Rubbish [receptacle].
[Tempat] sampah. *[tŭm-PAT] SAM-pah.*

1162. Shortcut. Jalan pintas. *JA-lan PEEN-tas.*

1163. Tent.
Kemah (OR: Tenda). *KE-mah (OR: TEN-da).*

1164. Thermos. Termos. *TER-mos.*

1165. Forest. Hutan. *HOO-tan.*

1166. Lake. Danau. *DA-no.*

1167. Mountain. Gunung. *GOO-noong.*

1168. River. Sungai. *SOO-ngey.*

1169. Stream. Anak sungai. *A-naᵠ SOO-ngey.*

BANK AND MONEY

1170. Where can I change foreign money [at the best rate]?
Di mana saya bisa tukar uang [dengan kurs yang paling
  tinggi]?
*dee MA-na SA-ya BEE-sa TOO-kar OO-wang [dŭ-NGAN
  koors yang PA-leeng TEENG-gee]?*

1171. What is the exchange rate on the dollar?
Berapa kurs dolar? *BRA-pa koors DO-lar?*

1172. Will you cash [a personal check]?
Apa bisa menguangkan [cek pribadi]?
A-pa BEE-sa mŭng-oo-WANG-kan [chek pree-BA-dee]?

1173. —a traveler's check.
—cek travel.   *—chek TRA-fel.*

1174. I have [a bank draft].
Saya punya [cek dari bang].
SA-ya POO-nya [chek DA-ree BANG].

1175. —a letter of credit.
—surat kredit.   *—SOO-rat KRE-deet.*

1176. I would like to exchange [twenty] dollars.
Saya mau menukarkan [duapuluh] dolar.
SA-ya mow mŭ-noo-KAR-kan [doo-wa-POO-looh] DO-lar.

1177. Please give me [large bills].
Tolong beri [uang besar]!
TO-long bree [OO-wang bŭ-SAR]!

1178. —small bills.
—uang kecil.   *—OO-wang kŭ-CHEEL.*

1179. —small change.
—uang receh.   *—OO-wang RE-cheh.*

1180. —coins.   —uang logam.   *—OO-wang LO-gam.*

SHOPPING

1181. Show me [the hat] in the window.
Kasi saya lihat [topi] yang di etalase itu.
KA-see SA-ya LEE-yat [TO-pee] yang dee e-ta-LA-sŭ EE-too.

1182. Can you [help me]?
Bisa [tolong saya]?   *BEE-sa [TO-long SA-ya]?*

1183. I am just looking around.
Saya cuma lihat-lihat.   *SA-ya CHOO-ma lee-yat-LEE-yat.*

1184. I shall come back later.
Nanti saya kembali.   *NAN-tee SA-ya kŭm-BA-lee.*

1185. I've been waiting [a long time].
[Sudah lama] saya nunggu.
[SOO-dah LA-ma] SA-ya NOONG-goo.

1186. —a short time.   Baru saja —.   *BA-roo SA-ja —.*

1187. What brand do you have?
Ada merek, apa saja?   *A-da ME-rŭk, A-pa SA-ja?*

1188. How much is it [per ounce]?*   Berapa ini [satu on]?   *BRA-pa EE-nee [SA-too on]?*

1189. —per piece.   —sepotong.   *—SPO-tong.*

1190. —per meter.   —semeter.   *—SME-ter.*

1191. —per pound.   —satu pon.   *—SA-too pon.*

1192. —per kilo.   —sekilo.   *—SKEE-lo.*

1193. —per package.
—sebungkus.   *—sŭ-BOONG-koos.*

1194. —per bunch.   —seonggok.   *—sŭ-ONG-goᵠ.*

1195. —all together.
—semuanya.   *—sŭ-moo-WAN-nya.*

1196. It is [too expensive].
[Mahal sekali] ini.   *[MA-hal SKA-lee] EE-nee.*

---

* Be prepared to bargain: shopkeepers may ask up to about three times the price they would be willing to accept, and it will take time and persistence to bring them down, but you may well get a very good buy in the end. The next few pages include a number of phrases to use in bargaining.

1197. **—cheap.** Murah —. *MOO-rah* —.

1198. **—reasonable.** Cukupan —. *choo-KOO-pan* —.

1199. **Is that your lowest price?**
Apa itu sudah paling murah?
A-pa EE-too SOO-dah PA-leeng ***MOO-rah?***

1200. **Do you give a discount?**
Apa ada potongan? *A-pa A-da* ***po-TO-ngan?***

1201. **How much discount do I get?**
Berapa kortingnya, [(TO M.) Pak] [(TO F.) Bu]?
BRA-pa *kor-TEENG-nya, [pa^q] [boo]?*

1202. **Can't I have it for less?**
Apa tidak bisa kurang, [(TO M.) Pak] [(TO F.) Bu]?
A-pa TEE-da^q BEE-sa ***KOO-rang,*** *[pa^q] [boo]?*

1203. **Just let me have it for [50], won't you?**
[Limapuluh] saja, ya? *[lee-ma-POO-looh]* ***SA-ja,*** *ya?*

1204. **I [do not] like that.** Saya [tidak] senang yang itu.
SA-ya [TEE-da^q] sŭ-NANG yang ***EE-too.***

1205. **Have you something [better]?**
Ada yang [lebih baik]? *A-da yang [lŭ-BEEH* ***BA-ee^q****]?*

1206. **—cheaper.**
—lebih murah. *—lŭ-BEEH* ***MOO-rah.***

1207. **—more fashionable.**
—lebih baru modenya. *lŭ-BEEH* ***BA-roo*** *MO-dŭ-nya.*

1208. **—softer.** —lebih halus. *—lŭ-BEEH* ***HA-loos.***

1209. **—stronger.** —lebih kuat. *—lŭ-BEEH* ***KOO-wat.***

1210. **—heavier.** —lebih berat. *—lŭ-BEEH* ***BRAT.***

1211. **—lighter (in weight).**
—lebih ringan. *—lŭ-BEEH* ***REE-ngan.***

1212. **—tighter.**
—lebih sempit. *—lŭ-BEEH* ***sŭm-PEET.***

1213. —looser.
—lebih longgar. —*lŭ-BEEH LONG-gar.*

1214. —lighter (in color).
—lebih muda. —*lŭ-BEEH MOO-da.*

1215. —darker. —lebih tua. —*lŭ-BEEH TOO-wa.*

1216. Do you have this in [my size]?
Apa ini ada untuk [ukuran saya]?
A-pa EE-nee A-da OON-too^q [oo-KOO-ran SA-ya]?

1217. —a larger size. —ukuran lebih besar.
—*oo-KOO-ran lŭ-BEEH bŭ-SAR.*

1218. —a smaller size. —ukuran lebih kecil.
—*oo-KOO-ran lŭ-BEEH kŭ-CHEEL.*

1219. Can I order it in [another color]?
Bisa saya pesan yang [warna lain]?
BEE-sa SA-ya pŭ-SAN yang [WAR-na LA-een]?

1220. —a different style.
—model lain. —*MO-del LA-een.*

1221. Where is the fitting room?
Kamar mengepas di mana?
KA-mar mŭ-ngŭ-PAS dee MA-na?

1222. May I try it on?
Boleh saya coba? *BO-leh SA-ya CHO-ba?*

1223. It does not fit.
Tidak cocok. *TEE-da^q CHO-chok.*

1224. Too short. Terlalu pendek. *tŭr-LA-loo PEN-de^q.*

1225. Too long.
Terlalu panjang. *tŭr-LA-loo PAN-jang.*

1226. Too big. Terlalu besar. *tŭr-LA-loo bŭ-SAR.*

1227. Too small.
Terlalu kecil. *tŭr-LA-loo kŭ-CHEEL.*

1228. Please take the measurements.
Tolong diukur. *TO-long dee-OO-koor.*

1229. The length. Panjangnya. *pan-JANG-nya.*

1230. The width. Lebarnya. *le-BAR-nya.*

1231. Will it shrink?
Apa menyusut ini? *A-pa mŭ-NYOO-soot EE-nee?*

1232. Will it break?
Apa bisa pecah? *A-pa BEE-sa pŭ-CHAH?*

1233. Is it [new]?
Apa [baru] ini? *A-pa [BA-roo] EE-nee?*

1234. —handmade.
—buatan tangan. *—boo-WA-tan TA-ngan.*

1235. —an antique. —antik. *—AN-teek.*

1236. —a replica. —tiruan. *—tee-ROO-wan.*

1237. —an imitation. —imitasi. *—ee-mee-TA-see.*

1238. —secondhand. —bekas. *—bŭ-KAS.*

1239. Is this color fast? Apa warnanya ndak luntur?
A-pa war-NA-nya ndaq LOON-toor?

1240. This is [not] my size. Ini [bukan] ukuran saya.
EE-nee [BOO-kan] oo-KOO-ran SA-ya.

1241. I like this.
Saya senang ini. *SA-ya sŭ-NANG EE-nee.*

1242. Please have this ready soon.
Tolong disiapkan cepat-cepat.
TO-long dee-see-YAP-kan chŭ-pat-chŭ-PAT.

1243. How long will it take to make the alterations?
Berapa lama merobahnya?
BRA-pa LA-ma mŭ-ro-BAH-nya?

1244. Does the price include alterations?
Apa harganya sudah termasuk ongkos merobah?
A-pa har-GA-nya SOO-dah tŭr-MA-sooq ONG-kos mŭ-RO-bah?

1245. I cannot decide. Saya belum bisa memutuskan.
SA-ya bloom BEE-sa mŭ-moo-TOOS-kan.

1246. I'll wait until it is ready.
Saya tunggu saja sampai siap.
SA-ya TOONG-goo SA-ja SAM-pey SEE-yap.

1247. Please wrap this.
Tolong bungkuskan. *TO-long boong-KOOS-kan.*

1248. Where do I pay?
Di mana bayarnya? *dee MA-na ba-YAR-nya?*

1249. Do I pay the salesman (OR: **saleswoman)?**
Apa bayar sama penjual?
A-pa BA-yar SA-ma pŭn-JOO-wal?

1250. Will you honor this credit card?
Apa kartu kredit ini bisa diterima?
A-pa KAR-too KRE-deet EE-nee BEE-sa dee-TREE-ma?

1251. May I pay with a personal check?
Bisa saya bayar dengan cek pribadi?
BEE-sa SA-ya BA-yar dŭ-NGAN chek pree-BA-dee?

1252. Is this [identification] [reference] sufficient?
Apa [tanda pengenal] [referensi] ini cukup?
A-pa [TAN-da pŭ-ngŭ-NAL] [re-fŭ-REN-see] EE-nee CHOO-koop?

1253. Can you send it [to my hotel] [to New York]?
Bisa dikirim [ke hotel saya] [ke New York]?
BEE-sa dee-KEE-reem [kŭ HO-tel SA-ya] [kŭ noo-YOK]?

1254. Pack this carefully for export.
Tolong dipak baik-baik untuk diekspor.
TO-long DEE-pak ba-eeq-BA-eeq OON-tooq dee-EKS-por.

1255. Give me [a bill]. Saya minta [rekeningnya].
SA-ya MEEN-ta [***re-kŭ-NEENG-nya***].

1256. —a receipt. —kwitansi. —***kwee-TAN-see.***

1257. —a credit memo.
—kredit memo. —*KRE-deet* ***ME-mo.***

1258. I shall pay upon delivery.
Saya bayar kalau barangnya sudah sampai.
SA-ya BA-yar KA-low ba-RANG-nya SOO-dah ***SAM-pey.***

1259. Is there an additional charge for delivery?
Apa ada ongkos tambahan untuk pengiriman?
A-pa ***A-da*** *ONG-kos tam-BA-han OON-too*^{q} ***pŭ-ngee-REE-man?***

1260. I wish to return this article.
Barang ini ingin saya kembalikan.
BA-rang EE-nee EE-ngeen SA-ya ***kŭm-ba-LEE-kan.***

1261. Refund my money. Kembalikan uang saya.
kŭm-ba-LEE-kan OO-wang ***SA-ya.***

1262. Please exchange this.
Tolong ini ditukar. *TO-long EE-nee* ***dee-TOO-kar.***

CLOTHING AND ACCESSORIES

1263. A bathing cap. Topi mandi. *TO-pee MAN-dee.*

1264. A bathing suit. Pakaian renang (OR: Swempak).
pa-KEY-yan rŭ-NANG (OR: *SWEM-pa*^{q}).

1265. A blouse. Blus. *bloos.*

1266. [An elastic] belt.
Sabuk [elastis]. *SA-boo*^{q} [*e-LAS-tees*].

1267. Boots. Sepatu bot. *SPA-too BOT.*

1268. Bracelet. Gelang. *glang.*

1269. Brassiere. Beha. *BE-ha.*

1270. Briefs. Celana dalam. *CHLA-na DA-lam.*

1271. A button. Kancing (OR: Buah baju).
KAN-cheeng (OR: *BOO-wah BA-joo*).

1272. A cane. Tongkat. *TONG-kat.*

1273. A cap. Topi. *TO-pee.*

1274. An Indonesian cap (like a small fez).
Kopiah. *KO-pyah.*

1275. A coat. Jas. *jas.*

1276. A collar. Kerah. *krah.*

1277. A compact. Tas kosmetik. *tas kos-ME-tee{{q}}.*

1278. Cufflinks. Manset. *MAN-set.*

1279. A dress. Rok (OR: Gaun). *rok* (OR: *gown*).

1280. Earrings. Subang (OR: Anting-anting).
SOO-bang (OR: *an-teeng-AN-teeng*).

1281. A pair of gloves.
Sarung tangan. *SA-roong TA-ngan.*

1282. A handbag. Tas tangan. *tas TA-ngan.*

1283. Handkerchiefs. Saputangan. *sa-poo-TA-ngan.*

1284. A jacket. Jaket. *JA-ket.*

1285. A dinner jacket. Jas. *jas.*

1286. A necktie. Dasi. *DA-see.*

1287. Lingerie.
Pakaian dalam wanita. *pa-KEY-yan DA-lam wa-NEE-ta.*

1288. A money clip.
Jepitan uang. *jŭ-PEE-tan OO-wang.*

1289. A nightgown. Gaun tidur. *gown TEE-door.*

1290. Pajamas. Piyama. *PYA-ma.*

1291. Panties.
Celana dalam wanita.   *CHLA-na DA-lam wa-NEE-ta.*

1292. A pin (decorative).
Peniti (perhiasan).   *pŭ-NEE-tee (pree-YA-san).*

1293. A pin (common).
Jarum pentul.   *JA-room pŭn-TOOL.*

1294. A safety pin.   Peniti.   *pŭ-NEE-tee.*

1295. A raincoat.   Jas hujan.   *jas HOO-jan.*

1296. Ribbon.   Pita.   *PEE-ta.*

1297. A ring.   Cincin.   *CHEEN-cheen.*

1298. Rubbers.
Sepatu karet luar.   *SPA-too KA-ret LOO-war.*

1299. Sandals (OR: **Slippers**).
Sepatu sandal.   *SPA-too SAN-dal.*

1300. A scarf.   Syal.   *shal.*

1301. A long-sleeved shirt.   Hem.   *hem.*

1302. A T-shirt.   Kaus.   *kows.*

1303. Shoelaces.   Tali sepatu.   *TA-lee SPA-too.*

1304. Shoes.   Sepatu.   *SPA-too.*

1305. Slip.   Rok dalam.   *rok DA-lam.*

1306. Stockings (OR: **Socks**).   Kaus kaki.   *kows KA-kee.*

1307. A pair of trousers.   Celana.   *CHLA-na.*

1308. Men's underwear.
Pakaian dalam pria.   *pa-KEY-yan DA-lam PREE-ya.*

1309. An umbrella.   Payung.   *PA-yoong.*

1310. An undershirt.
Singlet (OR: Kaus).   *SEENG-let* (OR: *kows*).

1311. Undershorts.   Celana kolor (OR: Kolor).
CHLA-na KO-lor (OR: *KO-lor*).

1312. A wallet. Dompet. *DOM-pet.*

COLORS

1313. Black. Hitam. *HEE-tam.*

1314. [Light] [dark] blue.
Biru [muda] [tua]. *BEE-roo [MOO-da] [TOO-wa].*

1315. Brown. Cokelat. *CHO-klat.*

1316. Gray.
Abu-abu (OR: Kelabu). *a-boo-A-boo* (OR: *KLA-boo*).

1317. Green. Hijau. *HEE-jo.*

1318. Olive green (OR: **Khaki**).
Hijau lumut. *HEE-jo LOO-moot.*

1319. Orange.
Oranye (OR: Jingga). *o-RA-nye* (OR: *JEENG-ga*).

1320. Pink. Merah jambu (OR: Merah muda).
ME-rah JAM-boo (OR: *ME-rah MOO-da*).

1321. Purple. Ungu (OR: Lila). *OO-ngoo* (OR: *LEE-la*).

1322. Red. Merah. *ME-rah.*

1323. Tan. Sawo matang. *SA-wo MA-tang.*

1324. White. Putih. *POO-teeh.*

1325. Yellow. Kuning. *KOO-neeng.*

MATERIALS

1326. Metal. Logam. *LO-gam.*

1327. Aluminum. Aluminium. *a-loo-mee-NEE-yoom.*

1328. Brass. Kuningan. *koo-NEE-ngan.*

1329. Copper. Tembaga. *tŭm-BA-ga.*

1330. Gold. Emas. *ŭ-MAS.*

1331. Iron. Besi. *bŭ-SEE.*

1332. Silver. Perak. *PE-raq.*

1333. Steel. Baja. *BA-ja.*

1334. Textiles. Tekstil. *TEK-steel.*

1335. Cotton. Katun. *KA-toon.*

1336. Silk. Sutera. *SOO-tra.*

1337. Synthetic.* Sintetis. *seen-TE-tees.*

1338. Wool. Wol. *wol.*

1339. Ceramics. Keramik. *KRA-meek.*

1340. China. Porselen. *POR-slen.*

1341. Crystal.
Kristal (OR: Hablur). *KREES-tal* (OR: *HAB-loor*).

1342. Glass. Kaca. *KA-cha.*

1343. Leather. Kulit. *KOO-leet.*

1344. Plastic. Plastik. *PLAS-teek.*

1345. Stone. Batu. *BA-too.*

1346. Wood. Kayu. *KA-yoo.*

BOOKSHOP, STATIONER, NEWSDEALER

1347. Do you have [any books] in English?
Apa ada [buku] dalam bahasa Inggeris?
A-pa A-da [BOO-koo] DA-lam ba-HA-sa EENG-grees?

* You will be understood if you use the English names for synthetic fabrics.

1348. Playing cards. Kartu remi. *KAR-too RE-mee.*

1349. A dictionary. Kamus. *KA-moos.*

1350. A dozen envelopes.
Amplop selusin. *AM-plop SLOO-seen.*

1351. An eraser.
Penghapus (OR: Setip). *pŭng-HA-poos* (OR: *steep*).

1352. Fiction. Fiksi. *FEEK-see.*

1353. Folders. Map. *map.*

1354. A guidebook.
Buku petunjuk. *BOO-koo pŭ-TOON-jooᵠ.*

1355. Ink. Tinta. *TEEN-ta.*

1356. A map. Peta. *pŭ-TA.*

1357. [A few] magazines.
[Beberapa] majalah. *[bŭ-BRA-pa] ma-JA-lah.*

1358. A newspaper. Koran. *KO-ran.*

1359. Nonfiction. Non-fiksi. *non-FEEK-see.*

1360. A notebook. Buku tulis. *BOO-koo TOO-lees.*

1361. A notepad. Notes. *NO-tes.*

1362. Airmail stationery.
Benda pos udara. *bŭn-DA pos oo-DA-ra.*

1363. Carbon paper. Karbon. *KAR-bon.*

1364. Writing paper (OR: **Notepaper**).
Kertas tulis. *kŭr-TAS TOO-lees.*

1365. A fountain pen. Pulpen. *POOL-pen.*

1366. A ballpoint pen. Bolpoin. *bol-POIN.*

1367. A pencil.
Pensil (OR: Potlot). *PEN-seel* (OR: *POT-lot*).

1368. [Masking] tape.
Pita [penutup]. *PEE-ta [pŭ-NOO-toop].*

1369. Scotch tape. Isolasi. *ee-so-LA-see.*

1370. String. Tali. *TA-lee.*

1371. A typewriter [ribbon].
[Pita] mesin tulis. *[PEE-ta] mŭ-SEEN TOO-lees.*

1372. Typewriter (bond) paper. HVS. *ha-fey-ES.*

1373. Wrapping paper.
Kertas pembungkus. *kŭr-TAS pŭm-BOONG-koos.*

PHARMACY

1374. Is there [a pharmacy] here where they understand English?
Apa di sini ada [apotik] yang petugasnya mengerti bahasa Inggeris?
A-pa dee SEE-nee A-da [a-PO-tee^q] yang pŭ-too-GAS-nya mŭ-ngŭr-TEE ba-HA-sa EENG-grees?

1375. May I speak to [a male clerk]?
Boleh saya bicara dengan [petugas yang laki-laki]?
BO-leh SA-ya bee-CHA-ra dŭ-NGAN [pŭ-TOO-gas yang la-kee-LA-kee]?

1376. —a female clerk. —petugas yang perempuan.
—pŭ-TOO-gas yang prŭm-POO-wan.

1377. Can you fill this prescription [immediately]?
Resep ini apa bisa disiapkan [segera]?
rŭ-SEP EE-nee A-pa BEE-sa dee-see-YAP-kan [sŭ-GRA]?

1378. Is it mild? Apa bukan obat kuat ini?
A-pa BOO-kan O-bat KOO-wat EE-nee?

1379. Is it safe? Apa aman ini? *A-pa A-man EE-nee?*

1380. Antibiotic. Antibiotika. *an-tee-byo-TEE-ka.*

1381. Sleeping pill. Obat tidur. *O-bat TEE-door.*

1382. Tranquilizer. Penenang. *pŭ-nŭ-NANG.*

1383. Warning. Peringatan. *pree-NGA-tan.*

1384. Poison. Racun. *RA-choon.*

1385. Take as directed. Lihat aturan pakainya.
LEE-yat a-TOO-ran pa-KEY-nya.

1386. Not to be taken internally; for external use only.
Jangan ditelan; obat luar. *JA-ngan dee-tŭ-LAN; O-bat LOO-war.*

DRUGSTORE ITEMS

1387. Adhesive tape. Plester. *PLES-tŭr.*

1388. Alcohol. Alkohol. *al-KO-hol.*

1389. Aspirin. Aspirin. *as-PEE-reen.*

1390. Antiseptic. Antiseptis (OR: Penangkal infeksi).
an-tee-SEP-tees (OR: *pŭ-NANG-kal een-FEK-see*).

1391. Band-Aid. Pembalut. *pŭm-BA-loot.*

1392. Bandages. Perban. *pŭr-BAN.*

1393. Bicarbonate of soda.
Bikarbonat soda. *bee-kar-BO-nat SO-da.*

1394. Boric acid. Asam borat. *A-sam BO-rat.*

1395. Chewing gum. Permen karet. *pŭr-MEN KA-ret.*

1396. Cleaning fluid.
Cairan pembersih. *cha-EE-ran pŭm-bŭr-SEEH.*

1397. Cleansing tissues. Serbet kertas (OR: Klinek). *sŭr-BET kŭr-TAS* (OR: *KLEE-nek*).

1398. Cold cream. Bedak krem. *bŭ-DA*^{q} *KREM.*

1399. Cologne. Kolon. *ko-LON.*

1400. Comb. Sisir. *SEE-seer.*

1401. Compact. Tempat bedak. *tŭm-PAT bŭ-DA*^{q}.

1402. Contraceptives (pills).
Kontraseptif (obat pencegah penghamilan).
kon-tra-SEP-teef (O-bat pŭn-chŭ-GAH pŭng-ha-MEE-lan).

1403. Contraceptive device.
Alat pencegah penghamilan.
A-lat pŭn-chŭ-GAH pŭng-ha-MEE-lan.

1404. Condom. Kondom. *KON-dom.*

1405. Corn pad. Kelobot. *KLO-bot.*

1406. Cotton (absorbent).
Kapas steril. *KA-pas STE-reel.*

1407. Cough syrup.
Sirup obat batuk. *SEE-rup O-bat BA-too*^{q}.

1408. Deodorant. Deodoran. *de-yo-DO-ran.*

1409. Depilatory. Obat menghilangkan rambut.
O-bat mŭng-hee-LANG-kan RAM-boot.

1410. Disinfectant. Anti infeksi. *AN-tee een-FEK-see.*

1411. Ear plugs.
Sumbat telinga. *SOOM-bat tŭ-LEE-nga.*

1412. Enema bag. Kompres untuk liyang dubur.
KOM-pres OON-too^q *LEE-yang DOO-boor.*

1413. Epsom salts.
Garam Inggeris. *GA-ram EENG-grees.*

1414. Eye cup.
Mangkok cuci mata. *MANG-ko⁹ CHOO-chee MA-ta.*

1415. Eye wash. Cuci mata. *CHOO-chee MA-ta.*

1416. Gauze. Kain kasa. *KA-een KA-sa.*

1417. Hairbrush. Sikat rambut. *SEE-kat RAM-boot.*

1418. Hair net. Harnet (OR: Jala rambut).
HAR-net (OR: *JA-la RAM-boot*).

1419. Hairpins (OR: **Hairclips**).
Jepit rambut. *jŭ-PEET RAM-boot.*

1420. Hairspray.
Semprot rambut. *sŭm-PROT RAM-boot.*

1421. Hand lotion. Cairan pengusap tangan.
cha-EE-ran pŭ-NGOO-sap TA-ngan.

1422. Hot-water bottle.
Kompres panas. *KOM-pres PA-nas.*

1423. Ice bag. Karung es. *KA-roong ES.*

1424. Insecticide. Insektisida. *een-sek-tee-SEE-da.*

1425. Iodine. Iodin. *ee-YO-deen.*

1426. Laxative (mild).
Obat cuci perut (OR: Obat urus-urus).
O-bat CHOO-chee PROOT (OR: *O-bat oo-roos-OO-roos*).

1427. Lipstick. Lipstik. *LEEP-steek.*

1428. Medicine dropper. Pipet. *PEE-pet.*

1429. Mirror. Kaca. *KA-cha.*

1430. Mouthwash. Obat kumur. *O-bat KOO-moor.*

1431. Nail file. Kikir kuku. *KEE-keer KOO-koo.*

1432. Nail polish. Cat kuku. *chat KOO-koo.*

1433. Nose drops. Tetes hidung. *TE-tes HEE-doong.*

1434. Ointment. Salep. *SA-lŭp.*

1435. Peroxide. Peroksida. *prok-SEE-da.*

1436. [Face] powder.
Bedak [muka]. *bŭ-DA[q] [MOO-ka].*

1437. [Foot] [Talcum] powder.
Bedak [kaki] [talek]. *bŭ-DA[q] [KA-kee] [TA-lŭk].*

1438. Powder puff. Jumbai bedak. *JOOM-bey bŭ-DA[q].*

1439. Straight razor.
Pisau cukur. *PEE-so CHOO-koor.*

1440. Electric razor.
Pencukur listrik. *pŭn-CHOO-koor LEES-treek.*

1441. Safety razor. Pisau cukur pakai silet.
PEE-so CHOO-koor PA-key SEE-let.

1442. Razor blade. Silet. *SEE-let.*

1443. Rouge. Pemerah muka. *pŭ-ME-rah MOO-ka.*

1444. Sanitary napkins. Kain hait. *KA-een HA-[q]eet.*

1445. Shampoo. Syampo. *SHAM-po.*

1446. Shaving brush.
Sikat cukur. *SEE-kat CHOO-koor.*

1447. Shaving soap.
Sabun cukur. *SA-boon CHOO-koor.*

1448. Shower cap. Topi mandi. *TO-pee MAN-dee.*

1449. Smelling salts.
Obat amonia. *O-bat a-mo-NEE-ya.*

1450. Sponge. Sepon. *spon.*

1451. Sunburn ointment. Salep untuk panas matahari.
SA-lŭp OON-too[q] PA-nas ma-ta-HA-ree.

1452. Sunglasses.
Kaca mata hitam. *KA-cha MA-ta HEE-tam.*

1453. Suntan oil (OR: **lotion**).
Minyak gosok untuk berjemur.
MEE-nya^q GO-so^q OON-too^q bŭr-jŭ-MOOR.

1454. Syringe. Alat suntik. *A-lat SOON-tee^q.*

1455. Tampons. Tampon. *TAM-pon.*

1456. Thermometer [Celsius] [Fahrenheit].
Termometer [Celsius] [Fahrenheit].
ter-mo-ME-ter [sel-SEE-yus] [fah-rŭn-HIET].

1457. Toothbrush. Sikat gigi. *SEE-kat GEE-gee.*

1458. Toothpaste. Pasta gigi. *PAS-ta GEE-gee.*

1459. Toothpowder.
Tepung gosok gigi. *tŭ-POONG GO-so^q GEE-gee.*

1460. Vaseline. Vaselin. *fa-sŭ-LEEN.*

1461. Vitamins. Vitamin. *fee-TA-meen.*

CAMERA SHOP
AND PHOTOGRAPHY

1462. I want a roll of film [for this camera].
Saya mau satu rol film [untuk kamera ini].
SA-ya mow SA-too rol feelm [OON-too^q ka-ME-ra EE-nee].

1463. Do you have [color film]?
Apa ada [film berwarna]?
A-pa A-da [feelm bŭr-WAR-na]?

1464. —black-and-white film.
—film hitam putih. *—feelm HEE-tam POO-teeh.*

1465. —movie film. —film movie. *—feelm MOO-fee.*

1466. What is the charge [for developing a roll]?
Berapa ongkos [cuci satu rol]?
BRA-pa ONG-kos [CHOO-chee SA-too rol]?

1467. —for enlarging.
—membesarkan.   —*mum-bŭ-SAR-kan.*

1468. —for one print.
—mencetak satu.   —*mŭn-CHE-ta⁹ SA-too.*

1469. May I take a photo of you?
Apa boleh saya ambil fotonya?
A-pa BO-leh SA-ya AM-beel fo-TO-nya?

1470. Would you take a photo of me, please?
Tolong ambilkan foto saya.
TO-long am-BEEL-kan FO-to SA-ya.

1471. A color print.
Cetak berwarna.   *CHE-ta⁹ bŭr-WAR-na.*

1472. Flashbulb.
Bola lampu potret.   *BO-la LAM-poo POT-ret.*

1473. The lens. Lensa.   *LEN-sa.*

1474. The negative. Negatip.   *ne-GA-teep.*

1475. The shutter. Diafragma.   *dee-ya-PRAG-ma.*

1476. A transparency (OR: **slide**). Slide.   *sliet.*

1477. A tripod. Tripod.   *TREE-pod.*

See also "Repairs and Adjustments," p. 109.

GIFT AND SOUVENIR LIST

1478. Basket. Keranjang.   *KRAN-jang.*

1479. Box of candy.
Kotak permen.   *KO-ta⁹ pŭr-MEN.*

1480. Batik. Batik.   *BA-tee⁹.*

1481. Traditional Indonesian dagger (kris).
Keris.   *krees.*

1482. Doll. Boneka. *bo-NE-ka.*

1483. Embroidery. Sulaman. *soo-LA-man.*

1484. Handicrafts.
Kerajinan tangan. *kra-JEE-nan TA-ngan.*

1485. Jewelry. Permata. *pŭr-MA-ta.*

1486. Lace. Renda. *REN-da.*

1487. Needlework. Jahit-jahitan. *ja-yeet-ja-YEE-tan.*

1488. Painting. Lukisan. *loo-KEE-san.*

1489. Penknife. Pisau lipat. *PEE-so LEE-pat.*

1490. Perfume. Minyak harum. *MEE-nya*^{q} *HA-room.*

1491. Pottery. Tembikar. *tŭm-BEE-kar.*

1492. Precious stone.
Batu permata. *BA-too pŭr-MA-ta.*

1493. Print (of painting, etc.).
Cetak ulang. *CHE-ta*^{q} *OO-lang.*

1494. Souvenir. Oleh-oleh. *o-leh-O-leh.*

1495. Space dyeing (dyeing thread before weaving). Ikat. *EE-kat.*

1496. Weaving. Kain tenunan. *KA-een tŭ-NOO-nan.*

1497. Woodcarving. Ukiran. *oo-KEE-ran.*

CIGAR STORE

1498. Where is the nearest cigar store?
Mana toko cerutu yang paling dekat?
MA-na TO-ko chŭ-ROO-too yang PA-leeng dŭ-KAT?

1499. I want some cigars.
Saya mau cerutu. *SA-ya mow* ***chŭ-ROO-too.***

1500. What brands of American cigarettes [with menthol] do you have?
Rokok Amerika [yang pakai mentol], apa saja yang ada?
RO-koᵠ a-me-REE-ka [yang PA-key MEN-tol] A-pa SA-ja yang A-da?

1501. One pack of king-size [filter-tip] cigarettes.
Sebungkus rokok 'king-size' [filter].
sŭ-BOONG-koos RO-koᵠ keeng-sies [FEEL-tŭr].

1502. I need a lighter.
Saya perlu geretan.   *SA-ya pŭr-LOO GRE-tan.*

1503. Lighter fluid.   Gas geretan.   *gas GRE-tan.*

1504. Flint.   Batu api.   *BA-too A-pee.*

1505. Matches.   Korek.   *KO-reᵠ.*

1506. A pipe.   Pipa.   *PEE-pa.*

1507. Pipe cleaners.
Pembersih pipa.   *pŭm-bŭr-SEEH PEE-pa.*

1508. [Pipe] tobacco.
Tembakau [pipa].   *tŭm-BA-kow [PEE-pa].*

1509. A tobacco pouch.
Tempat tembakau.   *tŭm-PAT tŭm-BA-kow.*

1510. Indonesian cigarettes with cloves.
Kretek.   *KRE-teᵠ.*

LAUNDRY AND DRY-CLEANING

1511. Where can I take my laundry to be washed?
Di mana saya bisa mencucikan pakaian saya?
dee MA-na SA-ya BEE-sa mŭn-choo-CHEE-kan pa-KEY-yan SA-ya?

1512. Is there a dry-cleaner's near here?
Apa ada penatu kimia dekat sini?
A-pa A-da pŭ-NA-too KEE-mya dŭ-KAT SEE-nee?

1513. Wash this blouse in [hot water].
Cuci blus ini dengan [air panas].
CHOO-chee bloos EE-nee dŭ-NGAN [A-yeer PA-nas].

1514. —warm water. —air hangat. *—A-yeer HA-ngat.*

1515. —lukewarm water. —air suam-suam kuku.
—A-yeer soo-wam-SOO-wam KOO-koo.

1516. —cold water.
—air dingin. *—A-yeer DEE-ngeen.*

1517. No starch, please.
Jangan dikanji. *JA-ngan dee-KAN-jee.*

1518. Remove the stain [from this shirt].
Hilangkan noda [pada baju ini].
hee-LANG-kan NO-da [PA-da BA-joo EE-nee].

1519. Press [the trousers].
Seterika [celana ini]. *STREE-ka [chŭ-LA-na EE-nee].*

1520. Starch [the collar].
Kanji [kerahnya]. *KAN-jee [KRAH-nya].*

1521. Dry-clean [this coat].
Cuci kemis [jas ini]. *CHOO-chee KE-mees [jas EE-nee].*

1522. [The belt] is missing. [Ikat pinggangnya] hilang.
[EE-kat peeng-GANG-nya] HEE-lang.

1523. Sew on [this button].
Pasang [kancing ini]. *PA-sang [KAN-cheeng EE-nee].*

REPAIRS AND ADJUSTMENTS

1524. This does not work.   Rusak ini.   *ROO-sa^q EE-nee.*

1525. This watch [is fast] [is slow].
Jam ini [cepat] [lambat].
jam EE-nee [chŭ-PAT] [LAM-bat].

1526. [My glasses] are broken.
[Kaca mata saya] pecah.
[KA-cha MA-ta SA-ya] pŭ-CHAH.

1527. It is torn.   Robek.   *RO-be^q.*

1528. It came loose (off).   Copot.   *CHO-pot.*

1529. Where can I get it repaired?
Di mana bisa diperbaiki?
dee MA-na BEE-sa dee-pŭr-ba-EE-kee?

1530. Fix [this lock].   Perbaiki [kunci ini].
pŭr-ba-EE-kee [KOON-chee EE-nee].

1531. Fix [the sole].
Perbaiki [telapaknya].   *pŭr-ba-EE-kee [tŭ-la-PA^q-nya].*

1532. —the heel.   —tumitnya.   *—too-MEET-nya.*

1533. —the strap.
—selempangnya.   *—slem-PANG-nya.*

1534. Adjust [this hearing aid].
Perbaiki [alat pendengar ini].
pŭr-ba-EE-kee [A-lat pŭn-dŭ-NGAR EE-nee].

1535. Lengthen [this skirt].
Perpanjang [rok ini].   *pŭr-PAN-jang [rok EE-nee].*

1536. Shorten [the sleeves].
Perpendek [lengannya].   *pŭr-PEN-de^q [lŭ-NGAN-nya].*

1537. Replace [the lining].
[Lapisannya] diganti.   *[la-pee-SAN-nya] dee-GAN-tee.*

1538. Mend [the pocket].
Perbaiki [sakunya]. *pŭr-ba-EE-kee [sa-KOO-nya].*

1539. Fasten it together. Disambung. *dee-SAM-boong.*

1540. Clean [the mechanism]. Bersihkan [alat-alatnya].
bŭr-SEEH-kan [a-lat-a-LAT-nya].

1541. Lubricate [the spring].
Minyaki [pernya]. *mee-NYA-kee [PER-nya].*

1542. Needle.
Jarum (OR: Penjahit). *JA-room (OR: pŭn-JA-yeet).*

1543. Scissors. Gunting. *GOON-teeng.*

1544. Thimble.
Bidal (OR: Sarung jari). *BEE-dal (OR: SA-roong JA-ree).*

1545. Thread. Benang. *bŭ-NANG.*

BARBER SHOP

1546. A haircut, please. Saya mau potong rambut.
SA-ya mow PO-tong RAM-boot.

1547. Just a trim.
Potong sedikit saja. *PO-tong SDEE-keet SA-ja.*

1548. A shave. Cukur. *CHOO-koor.*

1549. A shoeshine. Semir sepatu. *smeer SPA-too.*

1550. Don't cut much [off the top].
[Bagian atasnya] jangan potong terlalu banyak.
[ba-GEE-yan a-TAS-nya] JA-ngan PO-tong tŭr-LA-loo BA-nya�.

1551. —on the sides.
Yang di samping —. *yang dee SAM-peeng —.*

1552. I want to keep my hair long.
Saya mau biarkan panjang rambut saya.
SA-ya mow bee-YAR-kan PAN-jang RAM-boot SA-ya.

1553. I part my hair [on this side].
Belah rambut saya [di sebelah sini].
blah RAM-boot SA-ya [dee sŭ-BLAH SEE-nee].

1554. —on the other side. —samping satunya lagi.
—SAM-peeng sa-TOO-nya LA-gee.

1555. —in the middle. —di tengah. *—dee tŭ-NGAH.*

1556. No hair tonic. Tidak pakai minyak rambut.
TEE-daq PA-key MEE-nyaq RAM-boot.

1557. Trim [my mustache].
Potong [kumis saya] sedikit.
PO-tong [KOO-mees SA-ya] SDEE-keet.

1558. —my eyebrows. —alis saya. *—A-lees SA-ya.*

1559. —my beard. —jenggot saya. *—jŭng-GOT SA-ya.*

1560. —my sideburns. —jambang (OR: *cambang*).
—JAM-bang (OR: CHAM-bang).

BEAUTY PARLOR

1561. Could I come on [Monday afternoon]?
Apa bisa saya datang [Senin sore]?
A-pa BEE-sa SA-ya DA-tang [sŭ-NEEN SO-rey]?

1562. Comb my hair.
Sisir rambut saya. *SEE-seer RAM-boot SA-ya.*

1563. Wash my hair.
Cuci rambut saya. *CHOO-chee RAM-boot SA-ya.*

1564. Shampoo and set, please.
Tolong diberi syampo dan diset.
TO-long dee-BREE SHAM-po dan dee-SET.

1565. Not too short.
Jangan terlalu pendek. *JA-ngan tŭr-LA-loo PEN-deq.*

1566. In this style, please.
Model yang ini.   *MO-del yang EE-nee.*

1567. Dye my hair [in this shade].
Celup rambut saya [dengan warna ini].
chŭ-LOOP RAM-boot SA-ya [dŭ-NGAN WAR-na EE-nee].

1568. A curl.
Keriting rambut.   *KREE-teeng RAM-boot.*

1569. A facial.   Rawatan muka.   *ra-WA-tan MOO-ka.*

1570. A hairpiece.   Konde.   *KON-dey.*

1571. A massage.   Pijit.   *PEE-jeet.*

1572. A manicure.   Manikur.   *ma-NEE-koor.*

1573. A permanent wave.
Keriting permanen.   *KREE-teeng per-MA-nen.*

1574. A wig (LIT.: **False hair**).
Rambut palsu.   *RAM-boot PAL-soo.*

STORES AND SERVICES

1575. Antique shop.
Toko barang antik.   *TO-ko BA-rang AN-teek.*

1576. Art gallery.   Sanggar seni.   *SANG-gar SNEE.*

1577. Artist's materials.
Peralatan seniman.   *pŭr-a-LA-tan SNEE-man.*

1578. Auto rental.
Penyewaan mobil.   *pŭ-nye-WA-an MO-beel.*

1579. Auto repairs.
Bengkel mobil.   *BENG-kel MO-beel.*

1580. Bakery.   Toko roti.   *TO-ko RO-tee.*

1581. Bank.   Bank.   *bang.*

1582. Bar. Bar. *bar.*

1583. Barber. Tukang cukur. *TOO-kang CHOO-koor.*

1584. Beauty salon.
Salon kecantikan. *SA-lon kŭ-chan-TEE-kan.*

1585. Bookshop. Toko buku. *TO-ko BOO-koo.*

1586. Butcher. Tukang daging. *TOO-kang DA-geeng.*

1587. Candy shop. Toko permen (OR: Toko gula-gula).
TO-ko pŭr-MEN (OR: *TO-ko goo-la-GOO-la*).

1588. Checkroom. Tempat penyimpan mantel.
tŭm-PAT pŭ-NYEEM-pan MAN-tel.

1589. Cigar store. Toko cerutu. *TO-ko chŭ-ROO-too.*

1590. Clothing store.
Toko pakaian. *TO-ko pa-KEY-yan.*

1591. Cosmetics. Kosmetik. *kos-ME-teek.*

1592. Dance studio. Studio tari. *stoo-DEE-yo TA-ree.*

1593. Delicatessen (store).
Toko makanan. *TO-ko ma-KA-nan.*

1594. Dentist. Dokter gigi. *DOK-tŭr GEE-gee.*

1595. Department store.
Toko serba-ada. *TO-ko sŭr-ba-A-da.*

1596. Dressmaker. Penjahit. *pŭn-JA-yeet.*

1597. Drugstore. Toko obat. *TO-ko O-bat.*

1598. Dry cleaners.
Penatu kimia. *pŭ-NA-too KEE-mya.*

1599. Electrical supplies.
Alat-alat listrik. *a-lat-A-lat LEES-treek.*

1600. Employment agency.
Kantor penempatan tenaga kerja.
KAN-tor pŭ-nŭm-PA-tan tŭ-NA-ga kŭr-JA.

1601. Fish store.   Toko ikan.   *TO-ko EE-kan.*

1602. Florist.   Toko bunga.   *TO-ko BOO-nga.*

1603. Fruit store.   Toko buah.   *TO-ko BOO-wah.*

1604. Funeral parlor.   Perusahaan pemakaman.
proo-sa-HA-an pŭ-ma-KA-man.

1605. Furniture store.
Toko perabot rumah (OR: Toko mebel).
TO-ko PRA-bot ROO-mah (OR: *TO-ko MEY-bel*).

1606. Gift store.   Toko kado.   *TO-ko KA-do.*

1607. Grocery.   Toko pangan.   *TO-ko PA-ngan.*

1608. Hairdresser.
Penata rambut.   *pŭ-NA-ta RAM-boot.*

1609. Hardware store.   Toko besi.   *TO-ko bŭ-SEE.*

1610. Hat shop.   Toko topi.   *TO-ko TO-pee.*

1611. Housewares.
Alat-alat rumah.   *a-lat-A-lat ROO-mah.*

1612. Jewelry store.
Toko permata.   *TO-ko pŭr-MA-ta.*

1613. Lawyer.   Pengacara.   *pŭ-nga-CHA-ra.*

1614. Laundry.   Penatu.   *pŭ-NA-too.*

1615. Loans.   Pinjaman.   *peen-JA-man.*

1616. Lumberyard.   Tempat penjualan kayu.
tŭm-PAT pŭn-joo-WA-lan KA-yoo.

1617. Market.   Pasar.   *PA-sar.*

1618. Milliner.   Pembuat topi.   *pŭm-BOO-wat TO-pee.*

1619. Money exchange.
Tempat tukar uang.   *tŭm-PAT TOO-kar OO-wang.*

1620. Music store.   Toko musik.   *TO-ko MOO-seek.*

1621. Musical instruments.
Alat-alat musik. *a-lat-A-lat MOO-seek.*

1622. Newsstand (OR: **Magazine stand**). Kios. *KEE-os.*

1623. Paints. Cat. *chat.*

1624. Passport photos. Paspoto. *pas-PO-to.*

1625. Pastry shop. Toko kue. *TO-ko KOO-we.*

1626. Pet shop. Toko keperluan binatang.
TO-ko kŭ-pŭr-LOO-wan bee-NA-tang.

1627. Photographer. Foto. *FO-to.*

1628. Post office. Kantor pos. *KAN-tor POS.*

1629. Printing. Percetakan. *pŭr-che-TA-kan.*

1630. Sewing machine.
Mesin jahit. *mŭ-SEEN JA-yeet.*

1631. Shoemaker. Tukang sepatu. *TOO-kang SPA-too.*

1632. Shoe store. Toko sepatu. *TO-ko SPA-too.*

1633. Sightseeing. Melihat-lihat. *mŭ-lee-yat-LEE-yat.*

1634. Sign painter.
Pembuat merek. *pŭm-BOO-wat ME-rŭk.*

1635. Sporting goods.
Alat-alat olahraga. *a-lat-A-lat o-lah-RA-ga.*

1636. Stockbroker.
Makelar (OR: Calo). *MA-klar* (OR: *CHA-lo*).

1637. Supermarket.
Toko pangan serba-ada (OR: Supermarket).
TO-ko PA-ngan sŭr-ba-A-da (OR: *soo-per-MAR-ket*).

1638. Tailor. Penjahit. *pŭn-JA-yeet.*

1639. Toy shop. Toko mainan. *TO-ko ma-EE-nan.*

1640. Trucking. Perusahan pengangtukan.
proo-SA-han pŭng-ang-TOO-kan.

1641. Upholsterer. Tukang lapis perabot rumah. *TOO-kang LA-pees PRA-bot ROO-mah.*

1642. Used cars. Mobil bekas. *MO-beel bŭ-KAS.*

1643. Variety store.
Toko kelontong. *TO-ko KLON-tong.*

1644. Vegetable store.
Toko sayuran. *TO-ko sa-YOO-ran.*

1645. Watchmaker. Tukang arloji (OR: Tukang jam). *TOO-kang ar-LO-jee* (OR: *TOO-kang JAM*).

1646. Wines and liquors. Anggur dan minuman keras. *ANG-goor dan mee-NOO-man KRAS.*

1647. Xerox. Poto-kopi. *po-to-KO-pee.*

BABY CARE

1648. I need a reliable babysitter tonight [at 7 o'clock].
Saya perlu pengasuh yang bisa dipercaya malam ini [jam tujuh].
SA-ya pŭr-LOO pŭ-NGA-sooh yang BEE-sa dee-pŭr-CHA-ya MA-lam EE-nee [*jam* ***TOO-jooh***].

1649. Call a pediatrician immediately.
Segera panggil dokter kanak-kanak.
*sŭ-GRA PANG-geel DOK-tŭr ka-na^q-**KA-na^q**.*

1650. Feed the baby.
Beri makan bayinya. *bree MA-kan **ba-YEE-nya.***

1651. Change the diaper.
Tukar popoknya. *TOO-kar **po-PO^q-nya.***

1652. Bathe the baby.
Mandikan bayinya. *man-DEE-kan **ba-YEE-nya.***

653. Put the baby in the crib for a nap.
Letakkan bayi itu di tempat tidurnya biar dia bisa istirahat.
ŭ-TA^q-kan BA-yee EE-too dee tŭm-PAT tee-DOOR-nya BEE-yar DEE-ya BEE-sa ees-tee-RA-hat.

654. Give the baby a pacifier if he cries.
Beri dot kalau anak itu menangis.
ree dot KA-low A-na^q EE-too mŭ-NA-ngees.

655. Do you have an ointment for diaper rash?
Apa ada salep untuk lecet kena popok?
A-pa A-da SA-lŭp OON-too^q LE-chet kŭ-NA PO-po^q?

656. Baby (OR: **Strained**) **food.**
Makanan bayi. *ma-KA-nan BA-yee.*

657. Baby powder. Bedak bayi. *bŭ-DA^q BA-yee.*

658. Bib. Cukin (OR: Oto). *CHOO-keen* (OR: *O-to*).

659. Colic. Mulas. *MOO-las.*

660. Disposable [bottles]. [Botol] yang bisa dibuang.
BO-tol] yang BEE-sa dee-BOO-wang.

661. —diapers. Popok—. *PO-po^q—.*

662. High chair. Kursi tinggi untuk bayi.
KOOR-see TEENG-gee OON-too^q BA-yee.

663. Nursemaid.
Pengasuh anak. *pŭ-NGA-sooh A-na^q.*

664. Playground.
Tempat bermain. *tŭm-PAT ber-MA-een.*

665. Playpen. Boks (OR: Tempat main anak).
oks (OR: *tŭm-PAT MA-een A-na^q*).

666. Rattle. Giring-giring. *gee-reeng-GEE-reeng.*

667. Stuffed toy. Panda. *PAN-da.*

HEALTH AND ILLNESS

1668. Is the doctor [at home] [in his office]?
Apa dokter ada [di rumah] [di kantornya]?
*A-pa DOK-tŭr A-da [dee **ROO-mah**] [dee **kan-TOR-nya**]?*

1669. What are his office hours?
Jam kantornya jam berapa?
*jam kan-TOR-nya jam **BRA-pa?***

1670. Take my temperature.
Ukur temperatur saya. *OO-koor tŭm-PRA-toor **SA-ya.***

1671. I have something [in my eye].
Ada sesuatu [dalam mata saya].
*A-da sŭ-SWA-too [DA-lam MA-ta **SA-ya**].*

1672. I have a pain [in my back].
[Punggung saya] sakit. *[POONG-goong SA-ya] **SA-keet.***

1673. [My toe] is swollen. [Jari kaki saya] bengkak.
*[JA-ree KA-kee SA-ya] **bŭng-KA^{q}.***

1674. It is sensitive to pressure.
Peka terhadap tekanan. *pŭ-KA tŭr-HA-dap **tŭ-KA-nan.***

1675. Is it serious? Parah? *PA-rah?*

1676. I do not sleep well. Tidur saya tidak enak.
*TEE-door SA-ya TEE-da^{q} **E-na^{q}.***

1677. I have no appetite. Nafsu makan saya tidak ada.
*NAF-soo MA-kan SA-ya TEE-da^{q} **A-da.***

1678. Can you give me something to relieve the pain?
Apa saya bisa diberi sesuatu penghilangkan rasa sakit?
*A-pa SA-ya BEE-sa dee-BREE sŭ-SWA-too pŭng-hee-LANG-kan RA-sa **SA-keet?***

1679. I am allergic to [penicillin].
Saya alergi [penisilin].
*SA-ya a-LER-gee [**pŭ-nee-SEE-leen**].*

1680. Where should I have this prescription filled?
Di mana resep ini harus saya ambil?
dee MA-na rŭ-SEP EE-nee HA-roos SA-ya AM-beel?

1681. Do I have to go to [a hospital]?
Apa saya harus ke [rumah sakit]?
A-pa SA-ya HA-roos kŭ [ROO-mah SA-keet]?

1682. Do I have to be hospitalized?
Apa perlu diopname? *A-pa pŭr-LOO dee-OP-na-mŭ?*

1683. Is surgery required?
Apa perlu dioperasi? *A-pa pŭr-LOO dee-o-PRA-see?*

1684. Do I have to stay in bed?
Apa saya harus tetap di tempat tidur?
A-pa SA-ya HA-roos tŭ-TAP dee tŭm-PAT TEE-door?

1685. When will I begin to feel better?
Kapan saya akan merasa lebih baik?
KA-pan SA-ya A-kan mŭ-RA-sa lŭ-BEEH BA-eeᵠ?

1686. Is it contagious?
Apa menular? *A-pa mŭ-NOO-lar?*

1687. I feel [better]. Saya merasa [lebih baik].
SA-ya mŭ-RA-sa [lŭ-BEEH BA-eeᵠ].

1688. —worse. —tambah parah. *—TAM-bah PA-rah.*

1689. —about the same.
—hampir sama saja. *—HAM-peer SA-ma SA-ja.*

1690. Shall I keep it bandaged?
Apa harus dibiarkan tetap dibalut?
A-pa HA-roos dee-bee-YAR-kan tŭ-TAP dee-BA-loot?

1691. Can I travel [on Monday]?
Apa bisa saya bepergian [hari Senin]?
A-pa BEE-sa SA-ya bŭ-pŭr-GEE-yan [HA-ree sŭ-NEEN]?

1692. When will you come again?
Kapan datang lagi? *KA-pan DA-tang LA-gee?*

1693. When should I take [the medicine] [the pills]?
Kapan [obatnya] [pilnya] harus saya makan?
KA-pan [*o-BAT-nya*] [*PEEL-nya*] *HA-roos SA-ya MA-kan?*

1694. When do I need to get the injections?
Kapan saya harus disuntik?
KA-pan SA-ya HA-roos dee-SOON-tee[q]*?*

1695. Every hour. Setiap jam. *STEE-yap JAM.*

1696. [Before] [after] meals.
[Sebelum] [sesudah] makan.
[*sŭ-BLOOM*] [*sŭ-SOO-dah*] *MA-kan.*

1697. On going to bed.
Sebelum tidur. *sŭ-BLOOM TEE-door.*

1698. On getting up.
Bangun tidur. *BA-ngoon TEE-door.*

1699. Twice a day.
Dua kali sehari. *DOO-wa KA-lee sŭ-HA-ree.*

1700. An anesthetic. Obat bius. *O-bat BEE-yoos.*

1701. Convalescence.
Pemulihan kesehatan. *pŭ-moo-LEE-han kŭ-se-HA-tan.*

1702. Cure. Sembuh. *sŭm-BOOH.*

1703. Diet. Diet. *DEE-yet.*

1704. Drops. Obat tetes. *O-bat TE-tes.*

1705. Epidemic.
Epidemi (OR: Wabah). *e-pee-DE-mee* (OR: *WA-bah*).

1706. Hospitalization. Opname. *OP-na-mŭ.*

1707. Nurse. Jururawat. *joo-roo-RA-wat.*

1708. Ophthalmologist.
Dokter mata. *DOK-tŭr MA-ta.*

1709. An orthopedist.
Ahli bedah tulang.   *AH-lee bŭ-DAH TOO-lung.*

1710. A specialist.   Spesialis.   *spe-see-YA-lees.*

1711. A surgeon.   Ahli bedah.   *AH-lee bŭ-DAH.*

1712. Treatment.   Rawatan.   *ra-WA-tan.*

1713. X ray.   Sinar X.   *SEE-nar EKS.*

AILMENTS

1714. An abscess.   Abses (OR: Bisul bernanah).
AB-ses (OR: *BEE-sool bŭr-NA-nah*).

1715. An allergy.   Alergi.   *a-LER-gee.*

1716. An appendicitis attack.
Radang usus buntu.   *RA-dang OO-soos BOON-too.*

1717. An insect bite.
Gigit serangga.   *GEE-geet sŭ-RANG-ga.*

1718. A blister.   Lepuh.   *lŭ-POOH.*

1719. A boil.   Bisul.   *BEE-sool.*

1720. A bruise.   Memar.   *mŭ-MAR.*

1721. A burn.   Terbakar.   *tŭr-BA-kar.*

1722. Chicken pox.   Cacar air.   *CHA-char A-yeer.*

1723. A chill.   Kedinginan.   *kŭ-dee-NGEE-nan.*

1724. A cold.   Pilek.   *PEE-lŭk.*

1725. Constipation.   Sembelit.   *sŭm-BLEET.*

1726. A corn.   Katimumul.   *ka-tee-MOO-mool.*

1727. A cough.   Batuk.   *BA-too*[q].

1728. A cramp.   Kejang.   *kŭ-JANG.*

1729. A cut.   Luka.   *LOO-ka.*

1730. Diarrhea.
Murus (OR: Menceret).   *MOO-roos* (OR: *men-CHRET*).

1731. Dysentery.   Disentri.   *dee-SEN-tree.*

1732. An earache.   Sakit telinga.   *SA-keet tŭ-LEE-nga.*

1733. To feel faint.
Merasa pusing.   *mŭ-RA-sa POO-seeng.*

1734. A fever.   Demam.   *dŭ-MAM.*

1735. A fracture.   Patah tulang.   *PA-tah TOO-lang.*

1736. Hay fever.
Alergi rumput.   *a-LER-gee ROOM-poot.*

1737. Headache.   Sakit kepala.   *SA-keet kŭ-PA-la.*

1738. Indigestion.
Gangguan pencernaan.   *gang-GOO-wan pŭn-chŭr-NA-an.*

1739. Infection.   Infeksi.   *een-FEK-see.*

1740. Inflammation.   Radang.   *RA-dang.*

1741. Influenza.   Flu.   *floo.*

1742. Insomnia.
Tak bisa tidur.   *taq BEE-sa TEE-door.*

1743. Measles.   Campak.   *CHAM-paq.*

1744. Mumps.   Gondok.   *GON-doq.*

1745. Nausea.   Muak.   *MOO-waq.*

1746. Nosebleed.
Hidung berdarah.   *HEE-doong bŭr-DA-rah.*

1747. Pneumonia.
Radang paru-paru.   *RA-dang pa-roo-PA-roo.*

1748. Poisoning.   Keracunan.   *kra-CHOO-nan.*

1749. Prickly heat.   Biring peluh.   *BEE-reeng pŭ-LOOH.*

1750. A sore throat.
Sakit tenggorokan.   *SA-keet tŭng-go-RO-kan.*

1751. A sprain.   Keseleo.   *kŭ-sŭ-LE-yo.*

1752. A bee sting.   Sengat lebah.   *sŭ-NGAT lŭ-BAH.*

1753. A sunburn.
Terbakar matahari.   *tŭr-BA-kar ma-ta-HA-ree.*

1754. A swelling.   Bengkak.   *bŭng-KA^q.*

1755. Tonsillitis.
Radang amandel.   *RA-dang a-MAN-del.*

1756. To vomit.   Muntah.   *MOON-tah.*

DENTIST

1757. Can you recommend [a good dentist]?
Mana, ya, [dokter gigi yang baik]?
MA-na, ya, [DOK-tŭr GEE-gee yang BA-ee^q]?

1758. I have lost a filling.
Tambalannya hilang.   *tam-ba-LAN-nya HEE-lang.*

1759. Can you replace [the filling]?
Apa [tambalannya] bisa diganti?
A-pa [tam-ba-LAN-nya] BEE-sa dee-GAN-tee?

1760. Can you fix [the bridge]?
Apa [pegangannya] bisa diperbaiki?
A-pa [pŭ-ga-NGAN-nya] BEE-sa dee-pŭr-ba-EE-kee?

1761. —this denture.
—gigi palsu ini.   —*GEE-gee PAL-soo EE-nee.*

1762. This [tooth] hurts me.
[Gigi] yang ini sakit.   *[GEE-gee] yang EE-nee SA-keet.*

1763. My gums are sore.
Gusi saya sakit.   *GOO-see SA-ya SA-keet.*

1764. I have a broken tooth.
Gigi saya pecah satu. *GEE-gee SA-ya pŭ-CHAH SA-too.*

1765. I have a toothache.
Saya sakit gigi. *SA-ya SA-keet GEE-gee.*

1766. I have a cavity.
Gigi saya berlobang. *GEE-gee SA-ya bŭr-LO-bang.*

1767. Please give me [a general anesthetic].
Tolong saya [dibius] saja.
TO-long SA-ya [dee-BEE-yoos] SA-ja.

1768. —[a local anesthetic].
—dibius lokal. *—dee-BEE-yoos LO-kal.*

1769. I [do not] want the tooth extracted.
Saya [tidak] mau gigi ini dicabut.
SA-ya [TEE-da^q] mow GEE-gee EE-nee dee-CHA-boot.

1770. A temporary filling.
Tambalan sementara. *tam-BA-lan sŭ-mŭn-TA-ra.*

ACCIDENTS

1771. There has been an accident.
Ada kecelakaan. *A-da kŭ-chŭ-la-KA-an.*

1772. Get [a doctor] immediately.
Panggil [dokter] segera!
PANG-geel [DOK-tŭr] sŭ-GRA!

1773. —an ambulance. —ambulan. *—am-BOO-lan.*

1774. —a policeman. —polisi. *—po-LEE-see.*

1775. He has fallen. Dia jatuh. *DEE-ya JA-tooh.*

1776. She has fainted.
Dia pingsan. *DEE-ya PEENG-san.*

1777. Do not move [her] [him].
Jangan pindahkan [dia].
JA-ngan peen-DAH-kan [DEE-ya].

1778. [My finger] is bleeding.
[Jari saya] berdarah. *[JA-ree SA-ya] bŭr-DA-rah.*

1779. A fracture [of the arm].
Patah [tangan]. *PA-tah [TA-ngan].*

1780. I want [to rest] [to sit down] [to lie down].
Saya mau [istirahat] [duduk] [berbaring].
SA-ya mow [ees-tee-RA-hat] [DOO-doo^q] [bŭr-BA-reeng].

1781. Notify [my husband].
Beritahu [suami saya]. *bree-TOW [SWA-mee SA-ya].*

1782. A tourniquet.
Turniket (OR: Pencegah pendarahan).
toor-NEE-ket (OR: *pŭn-chŭ-GAH pŭn-da-RA-han*).

PARTS OF THE BODY

1783. Ankle.
Pergelangan kaki. *pŭr-GLA-ngan KA-kee.*

1784. Appendix. Usus buntu. *OO-soos BOON-too.*

1785. Arm. Lengan. *lŭ-NGAN.*

1786. Armpit. Ketiak. *kŭ-TEE-ya^q.*

1787. Artery.
Arteri (OR: Urat nadi). *ar-tŭ-REE* (OR: *OO-rat NA-dee*).

1788. Back. Punggung. *POONG-goong.*

1789. Belly. Perut. *proot.*

1790. Blood. Darah. *DA-rah.*

1791. Blood vessel.
Pembuluh darah. *pŭm-BOO-looh DA-rah.*

1792. Body. Tubuh. *TOO-booh.*

1793. Bone. Tulang. *TOO-lang.*

1794. Bowel. Usus besar. *OO-soos bŭ-SAR.*

1795. Brain. Otak. *O-taq.*

1796. Breast. Buah dada (OR: Payudara).
BOO-wah DA-da (OR: *pa-yoo-DA-ra*).

1797. Calf. Betis. *bŭ-TEES.*

1798. Cheek. Pipi. *PEE-pee.*

1799. Chest. Dada. *DA-da.*

1800. Chin. Dagu. *DA-goo.*

1801. Collarbone.
Tulang selangka. *TOO-lang SLANG-ka.*

1802. Ear. Telinga. *tŭ-LEE-nga.*

1803. Elbow. Siku. *SEE-koo.*

1804. Eye. Mata. *MA-ta.*

1805. Eyelashes. Bulu mata. *BOO-loo MA-ta.*

1806. Eyelid. Kelopak mata. *KLO-paq MA-ta.*

1807. Face. Muka. *MOO-ka.*

1808. Fingernail. Kuku. *KOO-koo.*

1809. Foot. Kaki. *KA-kee.*

1810. Forehead.
Dahi (OR: Kening). *DA-yee* (OR: *kŭ-NEENG*).

1811. Gall bladder.
Kandung empedu. *KAN-doong ŭm-pŭ-DOO.*

1812. Genitals. Kemaluan (OR: Alat kelamin).
kŭ-ma-LOO-wan (OR: *A-lat kŭ-LA-meen*).

1813. Glands. Kelenjar. *KLEN-jar.*

1814. Gums. Gusi. *GOO-see.*

1815. Hair. Rambut. *RAM-boot*

1816. Hand. Tangan. *TA-ngan.*

1817. Head. Kepala. *kŭ-PA-la.*

1818. Heart. Jantung. *JAN-toong.*

1819. Heel. Tumit. *TOO-meet.*

1820. Hip. Pinggul. *PEENG-gool.*

1821. Intestines. Usus. *OO-soos.*

1822. Jaw. Rahang. *RA-hang.*

1823. Joint. Persendian. *pŭr-sŭn-DEE-yan.*

1824. Kidney. Ginjal. *GEEN-jal.*

1825. Knee. Lutut. *LOO-toot.*

1826. Larynx.
Pangkal tenggorokan. *PANG-kal tŭng-go-RO-kan.*

1827. Leg.
Kaki (OR: Tungkai). *KA-kee (OR: TOONG-key).*

1828. Lip. Bibir. *BEE-beer.*

1829. Liver. Hati. *HA-tee.*

1830. Lungs. Paru-paru. *pa-roo-PA-roo.*

1831. Mouth. Mulut. *MOO-loot.*

1832. Muscle. Otot. *O-tot.*

1833. Navel.
Pusat (OR: Pusar). *POO-sat (OR: POO-sar).*

1834. Neck. Leher. *LE-her.*

1835. Nerve. Urat syaraf. *OO-rat SHA-raf.*

1836. Nose. Hidung. *HEE-doong.*

1837. Pancreas. Pankreas. *pang-KRE-yas.*

1838. Rib. Tulang rusuk. *TOO-lang ROO-sooq.*

1839. Shoulder. Bahu. *bow.*

1840. Side.   Sisi.   *SEE-see.*

1841. Skin.   Kulit.   *KOO-leet.*

1842. Skull.   Tengkorak.   *tŭng-KO-raq.*

1843. Spine.   Tulang belakang.   *TOO-lang BLA-kang.*

1844. Spleen.   Limpa.   *LEEM-pa.*

1845. Stomach.   Perut.   *proot.*

1846. Temple.   Pelipis.   *PLEE-pees.*

1847. Thigh.   Paha.   *PA-ha.*

1848. Throat.   Kerongkongan.   *krong-KO-ngan.*

1849. Thumb.   Ibu jari.   *EE-boo JA-ree.*

1850. Tongue.   Lidah.   *LEE-dah.*

1851. Tonsils.   Amandel.   *a-MAN-del.*

1852. Vein.   Pembuluh darah.   *pŭm-BOO-looh DA-rah.*

1853. Waist.   Pinggang.   *PEENG-gang.*

1854. Wrist.
Pergelangan tangan.   *pŭr-GLA-ngan TA-ngan.*

TIME

1855. What time is it?
Jam berapa sekarang?   *jam **BRA-pa** SKA-rang?*

1856. Two A.M.   Jam dua pagi.   *jam DOO-wa PA-gee.*

1857. Two P.M.   Jam dua siang.   *jam DOO-wa SEE-yang.*

1858. It is exactly half-past three.
Sekarang jam setengah empat tepat.
SKA-rang jam stŭ-NGAH ŭm-PAT tŭ-PAT.

1859. Quarter-past four.
Empat seperempat.   *ŭm-PAT sŭ-prŭm-PAT.*

1860. Quarter to five.   Lima kurang seperempat.
LEE-ma KOO-rang sŭ-prŭm-PAT.

1861. At ten minutes to six.   Jam enam kurang sepuluh.
jam ŭ-NAM KOO-rang SPOO-looh.

1862. At twenty minutes past seven.
Jam tujuh lewat dua puluh.
jam TOO-jooh LE-wat DOO-wa POO-looh.

1863. It is early (in the morning).
Pagi ini.   *PA-gee EE-nee.*

1864. It is early (in the evening).
Sore ini.   *SO-rey EE-nee.*

1865. He is late.   Dia terlambat.   *DEE-ya tŭr-LAM-bat.*

1866. In the morning.   Pagi-pagi.   *pa-gee-PA-gee.*

1867. This afternoon.   Nanti sore (OR: Sore ini).
NAN-tee SO-rey (OR: SO-rey EE-nee).

1868. Tomorrow.   Besok.   *BE-soq.*

1869. Evening.   Malam.   *MA-lam.*

1870. At noon.   Siang hari.   *SEE-yang HA-ree.*

1871. Midnight.   Tengah malam.   *tŭ-NGAH MA-lam.*

1872. Every night.   Tiap malam.   *TEE-yap MA-lam.*

1873. All night.
Sepanjang malam.   *SPAN-jang MA-lam.*

1874. Since yesterday.
Sejak kemarin.   *sŭ-JAq kŭ-MA-reen.*

1875. Today.   Hari ini.   *HA-ree EE-nee.*

1876. Tonight.   Malam ini (OR: Nanti malam).
MA-lam EE-nee (OR: NAN-tee MA-lam).

1877. Last month.
Bulan yang lalu.   *BOO-lan yang LA-loo.*

1878. Last year. Tahun yang lalu. *town yang LA-loo.*

1879. Next Sunday.
Hari Minggu depan. *HA-ree MEENG-goo dŭ-PAN.*

1880. Next week.
Minggu depan. *MEENG-goo dŭ-PAN.*

1881. The day before yesterday.
Kemarin dulu. *kŭ-MA-reen DOO-loo.*

1882. The day after tomorrow. Lusa. *LOO-sa.*

1883. Two weeks ago. Dua minggu yang lalu.
DOO-wa MEENG-goo yang LA-loo.

WEATHER

1884. How is the weather today?
Bagaimana cuaca hari ini?
***ba-gey-MA-na** choo-WA-cha HA-ree EE-nee?*

1885. It looks like rain.
Tampaknya mau hujan. *tam-PA^q-nya mow **HOO-jan.***

1886. It is [warm]. [Hangat] ini. *[**HA-ngat**] EE-nee.*

1887. —fair. Lumayan —. ***loo-MA-yan** —.*

1888. —hot. Panas —. ***PA-nas** —.*

1889. —windy. Berangin —. ***bŭr-A-ngeen** —.*

1890. The weather is clearing.
Udaranya cerah. *oo-da-RA-nya chŭ-RAH.*

1891. What a beautiful day!
Alangkah indahnya hari ini!
***a-LANG-kah** een-DAH-nya HA-ree EE-nee!*

1892. I want to sit [in the shade].
Saya mau duduk [di tempat yang teduh].
*SA-ya mow DOO-doo^q [dee tŭm-PAT yang **tŭ-DOOH**].*

1893. —in the sun.
—di panas matahari.   *—dee PA-nas **ma-ta-HA-ree***.

1894. —in a breeze.
—angin sepoi-sepoi.   *—A-ngin spoi-**SPOI**.*

1895. What is the weather forecast [for tomorrow]?
Bagaimana ramalan cuaca [besok]?
***ba-gey-MA-na** ra-MA-lan choo-WA-cha [BE-soᵃ]?*

1896. —for the weekend.
—akhir pekan ini.   *—A-kheer pŭ-KAN EE-nee.*

DAYS OF THE WEEK

1897. Sunday. Minggu.   *MEENG-goo.*

1898. Monday. Senin.   *sŭ-NEEN.*

1899. Tuesday. Selasa.   *SLA-sa.*

1900. Wednesday. Rabu.   *RA-boo.*

1901. Thursday. Kamis.   *KA-mees.*

1902. Friday. Jumat.   *JOOM-ᵃat.*

1903. Saturday. Sabtu.   *SAP-too.*

HOLIDAYS

1904. A public holiday.
Libur umum.   *LEE-boor OO-moom.*

1905. [Merry] Christmas.
[Selamat] Natal.   *[SLA-mat] NA-tal.*

1906. Happy Easter.
Selamat Paskah.   *SLA-mat PAS-kah.*

1907. Happy New Year!
Selamat Tahun Baru.   *SLA-mat town BA-roo.*

1908. Happy birthday (OR: Happy anniversary).
Selamat ulang tahun.   *SLA-mat OO-lang TOWN.*

1909. A religious holiday.
Libur keagamaan.   *LEE-boor kŭ-a-ga-MA-an.*

1910. End of Ramadan (Muslim month of fasting).
Lebaran (OR: Idul fitri).
lŭ-BA-ran (OR: EE-dool FEE-tree).

1911. Muslim New Year.   Hari raya.   *HA-ree RA-ya.*

1912. Indonesian Independence Day (August 17).
Hari Kemerdekaan (Tujuhbelas Agustus).
HA-ree kŭ-mŭr-de-KA-an (too-jooh-BLAS a-GOOS-toos).

MONTHS AND SEASONS

1913. January.   Januari.   *ja-noo-WA-ree.*

1914. February.   Februari (OR: Pebruari).
feb-roo-WA-ree (OR: peb-roo-WA-ree).

1915. March.   Maret.   *MA-rŭt.*

1916. April.   April.   *AP-reel.*

1917. May.   Mei.   *mey.*

1918. June.   Juni.   *JOO-nee.*

1919. July.   Juli.   *JOO-lee.*

1920. August.   Agustus.   *a-GOOS-toos.*

1921. September.   September.   *sep-TEM-bŭr.*

1922. October.   Oktober.   *ok-TO-bŭr.*

1923. November.   November.   *no-FEM-bŭr.*

1924. December.   Desember.   *de-SEM-bŭr.*

1925. The dry season. Kemarau *kŭ-MA-ro.*

1926. The rainy season.
Musim hujan. *MOO-seem HOO-jan.*

1927. The spring. Musim semi (OR: Musim bunga).
MOO-seem SMEE (OR: *MOO-seem BOO-nga*).

1928. The summer. Musim panas. *MOO-seem PA-nas.*

1929. The autumn. Musim gugur (OR: Musim rontok).
MOO-seem GOO-goor (OR: *MOO-seem RON-to*[q]).

1930. The winter.
Musim dingin. *MOO-seem DEE-ngeen.*

1931. Today is the 31st of May, 1983.
Hari ini tanggal tiga puluh satu Mei sembilan belas delapan puluh tiga.
HA-ree EE-nee TANG-gal TEE-ga POO-looh SA-too mey sŭm-BEE-lan blas dŭ-LA-pan POO-looh ***TEE-ga.***

NUMBERS: CARDINALS

1932. Zero. Nol. *nol.*

1933. One. Satu. *SA-too.*

1934. Two. Dua. *DOO-wa.*

1935. Three. Tiga. *TEE-ga.*

1936. Four. Empat. *ŭm-PAT.*

1937. Five. Lima. *LEE-ma.*

1938. Six. Enam. *ŭ-NAM.*

1939. Seven. Tujuh. *TOO-jooh.*

1940. Eight. Delapan. *dŭ-LA-pan.*

1941. Nine. Sembilan. *sŭm-BEE-lan.*

1942. Ten. Sepuluh. *SPOO-looh.*

1943. Eleven. Sebelas. *sŭ-BLAS.*

1944. Twelve. Dua belas. *DOO-wa BLAS.*

1945. Thirteen. Tiga belas. *TEE-ga BLAS.*

1946. Fourteen. Empat belas. *ŭm-PAT BLAS.*

1947. Fifteen. Lima belas. *LEE-ma BLAS.*

1948. Sixteen. Enam belas. *ŭ-NAM BLAS.*

1949. Seventeen. Tujuh belas. *TOO-jooh BLAS.*

1950. Eighteen. Delapan belas. *dŭ-LA-pan BLAS.*

1951. Nineteen. Sembilan belas. *sŭm-BEE-lan BLAS.*

1952. Twenty. Dua puluh. *DOO-wa POO-looh.*

1953. Twenty-one.
Dua puluh satu. *DOO-wa POO-looh SA-too.*

1954. Twenty-five.
Dua puluh lima. *DOO-wa POO-looh LEE-ma.*

1955. Thirty. Tiga puluh. *TEE-ga POO-looh.*

1956. Forty. Empat puluh. *ŭm-PAT POO-looh.*

1957. Fifty. Lima puluh. *LEE-ma POO-looh.*

1958. Sixty. Enam puluh. *ŭ-NAM POO-looh.*

1959. Seventy. Tujuh puluh. *TOO-jooh POO-looh.*

1960. Eighty. Delapan puluh. *dŭ-LA-pan POO-looh.*

1961. Ninety.
Sembilan puluh. *sŭm-BEE-lan POO-looh.*

1962. One hundred. Seratus. *SRA-toos.*

1963. One hundred and one.
Seratus satu. *SRA-toos SA-too.*

1964. One hundred and ten.
Seratus sepuluh. *SRA-toos SPOO-looh.*

1965. One thousand. Seribu. *SREE-boo.*

1966. Two thousand. Dua ribu. *DOO-wa REE-boo.*

1967. Three thousand. Tiga ribu. *TEE-ga REE-boo.*

1968. Four thousand. Empat ribu. *ŭm-PAT REE-boo.*

1969. One hundred thousand.
Seratus ribu. *SRA-toos REE-boo.*

1970. One million. Sejuta. *sŭ-JOO-ta.*

NUMBERS: ORDINALS

1971. The first. Yang pertama. *yang pŭr-TA-ma.*

1972. The second. Yang kedua. *yang kŭ-DOO-wa.*

1973. The third. Yang ketiga. *yang kŭ-TEE-ga.*

1974. The fourth. Yang keempat. *yang kŭ-ŭm-PAT.*

1975. The fifth. Yang kelima. *yang kŭ-LEE-ma.*

1976. The sixth. Yang keenam. *yang kŭ-ŭ-NAM.*

1977. The seventh. Yang ketujuh. *yang kŭ-TOO-jooh.*

1978. The eighth.
Yang kedelapan. *yang kŭ-dŭ-LA-pan.*

1979. The ninth.
Yang kesembilan. *yang kŭ-sŭm-BEE-lan.*

1980. The tenth.
Yang kesepuluh. *yang kŭ-sŭ-POO-looh.*

1981. The twentieth.
Yang keduapuluh. *yang kŭ-doo-wa-POO-looh.*

1982. The thirtieth.
Yang ketigapuluh. *yang kŭ-tee-ga-POO-looh.*

1983. The hundredth.
Yang keseratus. *yang kŭ-sŭ-RA-toos.*

1984. The thousandth.
Yang keseribu. *yang kŭ-sŭ-REE-boo.*
1985. The millionth.
Yang kesejuta. *yang kŭ-sŭ-JOO-ta.*

QUANTITIES

1986. A fraction. Pecahan. *pŭ-CHA-han.*
1987. One-quarter. Seperempat. *sŭ-prŭm-PAT.*
1988. One-third. Sepertiga. *sŭ-pŭr-TEE-ga.*
1989. One-half. Setengah. *stŭ-NGAH.*
1990. Three-quarters.
Tiga perempat. *TEE-ga prŭm-PAT.*
1991. The whole. Semua. *sŭ-MOO-wa.*
1992. A few. Sedikit. *SDEE-keet.*
1993. Several. Beberapa. *bŭ-bŭ-RA-pa.*
1994. Many. Banyak. *BA-nyaᵠ.*

FAMILY

1995. Wife. Isteri. *EES-tree.*
1996. Husband. Suami. *SWA-mee.*
1997. Mother. Ibu. *EE-boo.*
1998. Father. Ayah. *A-yah.*
1999. Grandmother. Nenek. *NE-neᵠ.*
2000. Grandfather. Kakek. *KA-keᵠ.*
2001. Daughter.
Anak perempuan. *A-naᵠ prŭm-POO-wan.*

2002. Son. Anak laki-laki *A-na^q la-kee-I.A-kee.*

2003. Younger brother (OR: **sister**). Adik. *A-dee^q.*

2004. Elder brother. Abang. *A-bang.*

2005. Elder sister (OR: **brother**). Kakak. *KA-ka^q.*

2006. Aunt. Bibi. *BEE-bee.*

2007. Uncle. Paman. *PA-man.*

2008. Niece (OR: **Nephew**).
Kemenakan (OR: Keponakan).
kŭ-mŭ-NA-kan (OR: *kŭ-po-NA^q-an*).

2009. Cousin. Sepupu. *SPOO-poo.*

2010. Relative. Famili. *FA-mee-lee.*

2011. Family. Keluarga. *kloo-AR-ga.*

2012. Father-in-law.
Ayah mertua. *A-yah mŭr-TOO-wa.*

2013. Mother-in-law.
Ibu mertua. *EE-boo mŭr-TOO-wa.*

2014. Adult. Orang dewasa. *O-rang de-WA-sa.*

2015. Children. Anak-anak. *a-na^q-A-na^q.*

COMMON SIGNS
& PUBLIC NOTICES

(Alphabetized according to the Indonesian.)

2016. AC. *A-se.* Air-conditioned.

2017. Akademi sekretaris. *a-ka-DE-mee se-kre-TA-rees.*
Business school.

2018. Awas anjing. *A-was AN-jeeng.*
Beware of the dog.

2019. Awas. Jalan diperbaiki.
A-was. JA-lan dee-pŭr-ba-EE-kee.
Men at work (on road).

2020. Balai kota.   *BA-ley KO-ta.*   City Hall.

2021. Balai pengobatan.   *BA-ley pŭng-o-BA-tan.*   Clinic.

2022. Berangkat.   *BRANG-kat.*   Departure.

2023. Berbahaya.   *bŭr-ba-HA-ya.*   Danger.

2024. Bis surat.   *bees SOO-rat.*   Mailbox.

2025. Borongan.   *bo-RO-ngan.*   Wholesale.

2026. Buka.   *BOO-ka.*   Open.

2027. Buka dari jam sembilan pagi sampai delapan sore.
*BOO-ka DA-ree jam sŭm-BEE-lan PA-gee SAM-pey
dŭ-LA-pan SO-rey.*
Open from 9 A.M. to 8 P.M.

2028. Cat basah.   *chat BA-sah.*   Wet paint.

2029. Dilarang.   *dee-LA-rang.*   Forbidden.

2030. Dilarang berenang.   *dee-LA-rang brŭ-NANG.*
No swimming.

2031. Dilarang mandi.   *dee-LA-rang MAN-dee.*
Bathing not allowed.

2032. Dilarang masuk.   *dee-LA-rang MA-soo^q.*
No trespassing.

2033. Dilarang masuk [kecuali untuk tugas].
*dee-LA-rang MA-soo^q [kŭ-choo-WA-lee OON-too^q
TOO-gas].*
No admittance [except on business].

2034. Dilarang memberi makan binatang.
dee-LA-rang mŭm-BREE MA-kan bee-NA-tang.
Do not feed the animals.

2035. Dilarang meludah. *dee-LA rang mŭ LOO-dah.*
No spitting.

2036. Dilarang menempel. *dee-LA-rang mŭ-NEM-pel.*
Post no bills.

2037. Dilarang menginjak rumput.
dee-LA-rang mŭ-NGEEN-ja[q] ROOM-poot.
Keep off the grass.

2038. Dilarang merokok. *dee-LA-rang mŭ-RO-ko[q].*
No smoking.

2039. Dilarang selain pegawai.
dee-LA-rang sŭ-LA-een pŭ-GA-wey. Employees only.

2040. Dingin. *DEE-ngeen.* Cold.

2041. Dipesan. *dee-pŭ-SAN.* Reserved.

2042. Disewakan. *dee-se-WA-kan.* For hire (OR: rent).

2043. Dorong. *DO-rong.* Push.

2044. Eceran. *e-CHE-ran.* Retail.

2045. Gerbong makan. *gŭr-BONG MA-kan.*
Dining car.

2046. Gerbong merokok. *gŭr-BONG mŭ-RO-ko[q].*
Smoking car.

2047. Gratis. *GRA-tees.* Free.

2048. Hati-hati. *ha-tee-HA-tee.* Watch your step.

2049. Informasi. *een-for-MA-see.* Information.

2050. Jalan pribadi. *JA-lan pree-BA-dee.*
Private road.

2051. Jangan ribut. *JA-ngan REE-boot.*
No noise (OR: Quiet).

2052. Kamar dengan perabot untuk disewakan.
KA-mar dŭ-NGAN PRA-bot OON-too[q] dee-se-WA-kan.
Furnished room for rent.

2053. Kebun binatang. *kŭ-BOON bee-NA-tang.* Zoo.

2054. Ke kereta. *kŭ KRE-ta.* To the trains.

2055. Ke kiri. *kŭ KEE-ree.* To the left.

2056. Keluar. *KLOO-war.* Exit.

2057. Kembali jam [satu siang]. *kŭm-BA-lee jam [SA-too SEE-yang].* Will return at [1 P.M.].

2058. Klinik. *KLEE-neek.* Clinic.

2059. Kosong. *KO-song.* Vacant.

2060. Kotak surat. *KO-ta*^{q} *SOO-rat.* Mailbox.

2061. Kuburan. *koo-BOO-ran.* Cemetery.

2062. Lift. *leef.* Elevator.

2063. Loket karcis. *LO-ket KAR-chees.* Ticket office.

2064. Makanan ringan. *ma-KA-nan REE-ngan.* Refreshments.

2065. Makan malam. *MA-kan MA-lam.* Dinner.

2066. Makan siang. *MA-kan SEE-yang.* Lunch.

2067. Masuk. *MA-soo*^{q}. Admission (OR: Enter).

2068. Masuk gratis. *MA-soo*^{q} *GRA-tees.* Admission free.

2069. Milik pribadi. *MEE-lee*^{q} *pree-BA-dee.* Private property.

2070. Naik. *NA-ee*^{q}. Up.

2071. Obral. *O-bral.* Sale (OR: Bargain).

2072. Obral di sini. *O-bral dee SEE-nee.* On sale here.

2073. Pabrik. *PAB-ree*^{q}. Factory.

2074. Panas. *PA-nas.* Hot.

2075. Pangkalan taksi. *pang-KA-lan TAK-see.* Taxi stand.

2076. [Hanya] pejalan kaki.
[HA-nya] pŭ-JA-lan KA-kee. Pedestrians [only].

2077. Pelayanan sendiri. *pŭ-la-YA-nan sŭn-DEE-ree.*
Self-service.

2078. Penerangan. *pŭ-nŭ-RA-ngan.* Information.

2079. Pengumuman. *pŭng-oo-MOO-man.*
Public notice(s).

2080. Penjaga. *pŭn-JA-ga.* Janitor.

2081. Perhatian. *pŭr-ha-TEE-yan.* Attention.

2082. Perhentian bis. *pŭr-hŭn-TEE-yan BEES.*
Bus stop.

2083. Peringatan. *pree-NGA-tan.* Warning.

2084. Perpustakaan. *pŭr-poo-sta-KA-an.* Library.

2085. Pertunjukan terus-menerus.
pŭr-toon-JOO-kan troos-mŭ-nŭ-ROOS.
Continuous performance.

2086. Pintu bahaya (OR: darurat).
PEEN-too ba-HA-ya (OR: da-ROO-rat).
Emergency exit.

2087. Polisi. *po-LEE-see.* Police.

2088. Ruang tunggu. *ROO-wang TOONG-goo.*
Waiting room.

2089. Ruang makan. *ROO-wang MA-kan.*
Dining room.

2090. Rumah sakit. *ROO-mah SA-keet.* Hospital.

2091. Rumah untuk disewakan.
ROO-mah OON-tooᵠ dee-se-WA-kan. House for rent.

2092. Sampah. *SAM-pah.* Refuse.

2093. Sedang dipakai. *sŭ-DANG dee-PA-key.*
Engaged (OR: Occupied).

2094. Sekolah dagang. *SKO-lah DA-gang.*
Business school.

2095. Stasiun kereta api. *STA-syoon KRE-ta A-pee.*
Railroad station.

2096. Tangga. *TANG-ga.* Stairs.

2097. Tarik. *TA-ree^q.* Pull.

2098. Tekan belnya. *tŭ-KAN BEL-nya.* Ring the bell.

2099. Telepon [umum]. *TEL-pon [OO-moom].*
[Public] telephone.

2100. Televisi. *tŭ-lŭ-FEE-see.* Television.

2101. Terminal taksi. *ter-MEE-nal TAK-see.*
Taxi stand.

2102. Tidak main. *TEE-da^q MA-een.* No performance.

2103. Turun. *TOO-roon.* Down.

2104. Tutup dari jam delapan malam sampai sembilan pagi.
*TOO-toop DA-ree jam dŭ-LA-pan MA-lam SAM-pey
sŭm-BEE-lan PA-gee.*
Closed from 8 P.M. to 9 A.M.

2105. Tutup hari Minggu dan hari libur.
TOO-toop HA-ree MEENG-goo dan HA-ree LEE-boor.
Closed on Sundays on holidays.

2106. Tutup selama liburan.
TOO-toop SLA-ma lee-BOO-ran. Closed for vacation.

2107. TV. *TEE-fee.* Television.

2108. WC. *WE-se.* Toilet (OR: Restroom).

2109. WC laki-laki (OR: **priya**).
WE-se la-kee-LA-kee (OR: *PREE-ya*). Men's room.

2110. WC wanita. *WE-se wa-NEE-ta.* Ladies' room.

INDEX

The sentences, words and phrases in this book are numbered consecutively from 1 to 2110, and the entries in the index refer to those numbers. In addition, each section heading (capitalized entries) is indexed according to page number. In cases where there may be confusion, parts of speech are indicated by the following abbreviations: *adj.* for adjective, *adv.* for adverb, *n.* for noun and *v.* for verb. Commonly used Indonesian verbs beginning with *di-* emphasize the object of the action rather than the actor, and are preceded by the abbreviation *pass.* for passive. Refer to the numbered phrases to see how words are used. Parentheses are used for explanations in English and to indicate optional components of phrases in Indonesian.

Because of the already large amount of indexed material, cross-indexing has generally been avoided. Phrases or groups of two words or more will usually be found under only one of their components, e.g., "express train" only under "express," although there is a separate entry for "train" alone. If you do not find a phrase under one word, try another.

Every English word in the index is followed by one or more Indonesian equivalents, and the index thus forms an up-to-date English-Indonesian glossary. Although a knowledge of Indonesian grammar is necessary for making the best use of this index, it will enable you to find Indonesian words and phrases quickly. You can refer back to the original sentences to check pronunciation and get an idea of the contexts in which different equivalents of an English word are used. (Where a numbered sentence contains a choice of Indonesian equivalents, only the first choice has been included in the index.)

able, be (*aux. v.*): *bisa* 106
abscess: *abses* 1714
accelerator: *gas* 413
accident: *kecelakaan* 1771
ACCIDENTS, p. 124
across: *di seberang* 209
adapter (electrical): *adaptor* (*listrik*) 654
additional: *tambahan* 351
address (*n.*): *alamat* 86;
  (*v., pass.*): *dialamatkan* 516
adjust: *perbaiki* 1534;
  (*pass.*): *dibetulkan* 403
admission: *masuk* 2067; —
  free: *masuk gratis* 2068;
  — ticket: *karcis masuk* 1020
admittance, no: *dilarang masuk* 2033
adult (*n.*): *orang dewasa* 2014
advance, in: *di muka* 1019
after: *sesudah* 1696
afternoon: *sore* 4
again: *lagi* 47; *sekali lagi* 539
ahead, straight: *terus saja* 215
AILMENTS, p. 121
air, with more: *lebih baik udara* 596
air-conditioned room:

  kamar yang ada ACnya 565
air-conditioning: *AC* 359
air filter: *saringan udara* 414
airline: *penerbangan* 191
air mail: *pos udara* 503;
  — stationery: *benda pos udara* 1367
AIRPLANE, p. 20
airport: *lapangan udara* 261
aisle: *gang* 273
alarm clock: *beker* 668
alcohol: *alkohol* 415
all (the whole): *sepanjang* 1873; — right: *baik* 43
allergy: *alergi* 1715
allow me: *permisi* 16
alone, let us: *pergi* 142
along: *di sepanjang* 210
altar: *altar* 1059
alter: *merobah* 1243
altogether: *semuanya* 181
aluminum: *aluminium* 1327
A.M.: *pagi* 1025
ambulance: *ambulan* 1773
American (*n.*): *orang Amerika* 85
anchovies, dried: *teri* 966;
  — deep-fried in batter: *rempeyek teri* 966
anesthetic: *obat bius* 1700
angry: *marah* 107
animal: *binatang* 2034

boiled: *direbus* 765
bolt: *baut* 418
bone: *tulang* 1793
bon voyage: *selamat jalan* 237
book: *buku* 1347
bookshop: *toko buku* 1585
BOOKSHOP, STATIONER, NEWSDEALER, p. 97
boot: *sepatu bot* 1267
bored: *bosan* 1050
boric acid: *asam borat* 1394
botanical garden: *kebun raya* 1044
both; on — sides: *bola bali* 171
bottle: *botol* 638; — opener: *pembuka botol* 671
boulevard: *jalan* 210
bowel: *usus besar* 1794
box: *kotak* 1479; — office: *loket* 1097
boy: *anak* 77
bracelet: *gelang* 1268
brain: *otak* 1795
brains (food): *otak* 864; — in spicy coconut sauce: *gulai otak* 860
brake: *rem* 419; — light: *lampu rem* 462
brand: *merek* 1187

brass: *kuningan* 1328
brassiere: *beha* 1269
bread: *roti* 741
breaded: *ditutupi roti kering* 766
break (*v.*): *pecah* 1232
breakfast: *sarapan* 584
breast: *buah dada* 1796
breeze: *angin sepoi-sepoi* 1894
bridge: *jembatan* 209
(teeth): *pegangan* 1760
briefs: *celana dalam* 1270
bring: *bawakan* 606
broken: *pecah* 1526; *rusak* 387
broom: *sapu* 672
brother; elder —: *abang* 2004; younger —: *adik* 2003
brown: *cokelat* 1315
bruise: *memar* 1720
building: *bangunan* 224
bumper: *bemper* 422
bunch, per: *seonggok* 1194
burn (*n.*): *terbakar* 1721
burned: *hangus* 779
bus: *bis* 263; — stop: *perhentian bis* 325
BUS, p. 25
business: *urusan dagang* 94; — school: *akademi*

syrup: *sirup obat batuk* 1407

countryside: *daerah pedesaan* 1039; *kampung* 234

course (food): *masakan* 784

cousin: *sepupu* 2009

cover (insure): *mencakup* 353; — charge: *uang duduk* 1121

crab: *kepiting* 904

cramp: *kejang* 1728

cream: *krim* 802

credit: *kredit* 1175; — card: *kartu kredit* 1250; — memo: *kredit memo* 1257

crib: *tempat tidur* 1653

cry (v.): *menangis* 1654

crystal: *kristal* 1341

cucumber: *ketimun* 937

cufflinks: *manset* 1278

cup: *cangkir* 743

cupcake: *kue mangkok* 1009

curl (n.): *keriting rambut* 1568

cure (n.): *sembuh* 1702

curry: *kare* 903

curtain: *gorden* 681

cushion: *bantalan kursi* 682

customary: *biasa* 190

CUSTOMS, p. 11

customs (office): *bea cukai* 149

cut (n.): *luka* 1729; (v.): *potong* 1550

cylinder: *silinder* 427

dagger: *keris* 1481

damage (n.): *kerusakan* 354

dance (v.): *dansa* 1124; may I have this —: *ayo turun, yo* 1125; — studio: *studio tari* 1592

danger: *berbahaya* 2023

dark: *tua* 1314; (= black): *hitam* 713

darker: *lebih tua* 1215

date (fruit): *kurma* 992

daughter: *anak perempuan* 2001

day: *hari* 178; *siang* 2

DAYS OF THE WEEK, p. 131

December: *Desember* 1924

decide: *memutuskan* 1245

deck: *dek* 249

declare (customs): *perlihatkan* 160

delicatessen: *toko makanan* 1593

delivery: *pengiriman* 1259

DENTIST, p. 123

dentist: *dokter gigi* 1594

denture: *gigi palsu* 1761

deodorant: *deodoran* 1408

eyelashes: *bulu mata* 1805
eyelid: *kelopak mata* 1806

face: *muka* 1807; —
   powder: *bedak muka*
   1437
facial (*n.*): *rawatan muka*
   1589
factory: *pabrik* 229
Fahrenheit: *Fahrenheit*
   1456
faint (*v.*): *pingsan* 1776; feel
   —: *merasa pusing* 1733
fair (weather): *lumayan*
   1887
fall (*v.*): *djatuh* 1775
FAMILY, p. 136
family: *keluarga* 2011
fan (*n.*): *kipas angin* 435;
   — belt: *ban kipas* 436
Fanta: *Fanta* 712
far: *jauh* 200
fare, how much is the:
   berapa ongkosnya 317
fast: *cepat* 1525
fasten: *pasang* 279; (*pass.*):
   disambung 1539
father: *ayah* 1998
father-in-law: *ayah mertua*
   2012
fatty: *berlemak* 754
fault (*n.*): *salah* 138
February: *Februari* 1914

feed: *beri makan* 1650;
   memberi makan 2034
feel: *merasa* 1685
female: *perempuan* 1376
fender: *spatbor* 437
ferry: *tambangan* 246
fever: *demam* 1734
few, a: *beberapa* 178; *sedikit*
   1992
fiction: *fiksi* 1352
fifteen: *lima belas* 1947
fifth: *kelima* 1975
fifty: *lima puluh* 1957
fig: *buah ara* 980
fill: *penuhkan* 396; (*pass.*,
   prescription): *disiapkan*
   1377
filling (tooth): *tambalan*
   1758
film: *film* 1462
find: *ketemu* 176; *mene-*
   mukan 134
fine arts gallery: *sanggar*
   seni rupa 1054
finger: *jari* 1778
fingernail: *kuku* 1808
finish (*v.*): *selesai* 173
fire: *api* 146
firewood: *kayu api* 1157
first: *pertama* 241; — class:
   kelas satu 268
fish: *ikan* 734; — cooked
   with tamarind: *pindang*

insecticide: *insektisida* 1424

inside: *di dalam* 216; — room: *kamar sebelah dalam* 568

insomnia: *tak bisa tidur* 1742

instrument panel: *desbor* 457

instruments: *alat-alat* 1621

insurance policy: *polis asuransi* 353

insure: *asuransikan* 511

interested, be: *tertarik* 1030

interesting: *menarik* 1047

intermission: *istirahat* 1093

intersection: *persimpangan* 378

intestines: *usus* 1821

introduce: *kenalkan* 37

iodine: *iodin* 1425

iron (*v.*): *seterikakan* 643; (metal): *besi* 1331

island: *pulau* 1021

Italian: *Italia* 111

jack: *dongkrak* 391

jacket: *jaket* 1284; dinner —: *jas* 1285

jackfruit: *nangka* 994

jam: *sele* 813

janitor: *penjaga* 2080

January: *Januari* 1913

Javanese: *Jawa* 124

jaw: *rahang* 1822

jewelry: *permata* 1485; — store: *toko permata* 1612

jitney: *opelet* 343

joint: *persendian* 1823

juice: *sari* 806

July: *Juli* 1919

June: *Juni* 1918

just (only): *cuma* 1183; *hanya* 1045

key: *kunci* 137

kidney: *ginjal* 858

kilo: *kilo* 271; per —: *sekilo* 1192

kilometer: *kilometer* 350

kind (= sort): *jenis* 348

kindness: *kebaikan* 23

kitchen: *dapur* 664

knee: *lutut* 1825

knife: *pisau* 746

know: *tahu* 115; let —: *kasi tahu* 320

lace: *renda* 1486

ladies' room: *WC wanita* 2110

lake: *danau* 1166

lamb: *domba* 857

lamp: *lampu* 690

larger: *lebih besar* 592

larynx: *pangkal tenggoro-kan* 1826

last: *yang lalu* 1877

late: *lat* 80; be —: *terlambat* 1865

later: *lebih lambat* 288; *nanti* 33; see you —: *sampai nanti* 10

laundry: *pakaian* 1511; (business): *penatu* 1614

LAUNDRY AND DRY-CLEANING, p. 107

lawyer: *pengacara* 1613

laxative: *obat cuci perut* 1426

leak: *bocor* 409

lean (*adj.*): *tak ada lemak* 758

lease (*n.*): *kontrak* 667

leather: *kulit* 1343

leave (depart): *berangkat* 63; *pergi* 1056; (something): *meninggalkan* 546; *tertinggal* 183; *tinggalkan* 178; (*pass.*): *ditinggalkan* 561

left (direction): *kiri* 175

leg: *kaki* 1827

lemon: *jeruk nipis* 801; *limau* 986

lemonade: *limun* 709

length: *panjangnya* 1229

lengthen: *perpanjang* 1535

lens: *lensa* 1473

less: *kurang* 1202; *kurangi* 781

let's: *ayo* 1056

letter: *surat* 502

lettuce: *daun selada* 925

library: *perpustakaan* 1040

licensed: *resmi* 1017

license plate: *nomor polisi* 458

lie down: *berbaring* 1780

lifeboat: *sekoci* 244

life preserver: *pelampung* 245

light (*adj.*, color): *muda* 1314; (oil): *encer* 399; (*n.*): *lampu* 411; — bulb: *dop* 691; with more —: *lebih terang* 595

lighter (*adj.*, color): *lebih muda* 1214; (weight): *lebih ringan* 1211; (*n.*): *geretan* 1502; — fluid: *gas geretan* 1503

lightly: *ringan* 732

like; I — that: *saya senang yang itu* 1204; I — you: *saya senang* 50

limousine: *kol* 284

line (queue): *antrian* 1104

linen(s): *seprei dan sarung bantal* 665

— out (a form): *buatkan* 631

MAKING YOURSELF UNDERSTOOD, p. 7

male: *laki-laki* 1375

man: *bapak* 78

manager: *menejer* 129

mango: *mangga* 987

mangosteen: *manggis* 993

manicure: *manikur* 1571

many: *banyak* 1994

map: *peta* 1356

March: *Maret* 1915

market: *pasar* 1617

Mass: *misa* 1066

massage: *pijit* 1571

matches: *korek* 1500

MATERIALS, p. 96

matinee: *main siang* 1082

matter, it doesn't: *tidak apa-apa* 21; what is the —: *ada apa* 60

May: *Mei* 1917

may I: *apa boleh* 280

mayonnaise: *saus selada* 842

meals: *makan* 582

meaning: *arti* 123

measles: *campak* 1743

measure, take measurements (*pass.*): *diukur* 1228

meat: *daging* 752; — cooked in coconut milk: *daging redang* 850

MEATS AND MEAT DISHES, p. 65

meatballs: *perkadel* 865

mechanic: *montir* 388

mechanism: *alat-alat* 1540; *mekanisme* 358

medicine: *obat* 1693; — dropper: *pipet* 1428

medium (meat): *setengah matang* 776

men at work (= road repairs): *jalan diperbaiki* 2019

mend: *perbaiki* 1538

men's room: *WC laki-laki* 2109

menthol: *mentol* 1500

menu: *daftar makan* 737

merry: *selamat* 1905

message: *pesan* 546

messenger: *kurir* 621

metal: *logam* 1326

meter: *meter* 329; per —: *semeter* 1190

middle: *pertengahan* 214; *tengah* 1555

midnight: *tengah malam* 1871

mild (food): *tidak pedas*

prune: *buah prem yang dikeringan* 982
public: *umum* 1904
pudding: *poding* 1012
pull: *tarik* 2097
pumpkin: *labu* 1006; — in coconut syrup: *kolak labu* 1006
puppet show: *wayang golek* 1111
purple: *ungu* 1321
purser: *kepala keuangan kapal* 253
push: *dorong* 2043; *mendorong* 389
put: *letakkan* 1653

QUANTITIES, p. 136
quarter: *seperempat* 1859; three —s: *tiga perempat* 1990
quiet: *sunyi* 555; *tenang* 567

rabbi: *rabi* 1076
radiator: *radiator* 400
radio: *radio* 471
rag: *lap* 472
railroad: *kereta api* 2095; — station: *stasyun kereta api* 309
rain: *hujan* 1885
raincoat: *jas hujan* 1295

rainy season: *musim hujan* 1926
rare (meat): *setengah mentah* 775
raspberry: *frambus* 989
rate: *kurs* 1170; (rental): *sewa* 350
rattle (n.): *giring-giring* 1666
razor (electric): *pencukur listrik* 1440; (safety): *pisau cukur pakai silet* 1441; (straight): *pisau cukur* 1349; — blade: *silet* 1442
reach (arrive at): *sampai* 522
read: *membaca* 111
ready: *siap* 1246; get —: *menyiapkan* 607; have —: *disiapkan* 1242
really: *betul-betul* 1045
rear (n.): *belakang* 223
rear-view mirror: *kaca spion dalam* 464
reasonable (in price): *cukupan* 1198
receipt: *kwitansi* 1256; *tanda terima* 179
recharge (pass.): *dicas* 401
red: *merah* 714
reference: *referensi* 1252

suite: *kamar yang ada kamar tamunya* 566
summer: *musim panas* 1928
sun: *matahari* 1893
sunburn: *terbakar matahari* 1753; — ointment: *salep untuk panas matahari* 1451
Sunday: *Minggu* 1081
sunglasses: *kaca mata hitam* 1452
suntan oil: *minyak gosok untuk berjumur* 1453
superior (*n.*): *atasan* 129
supermarket: *toko pangan serba-ada* 1637
supper: *makan malam* 724
supplies: *alat-alat* 1599
surface mail: *pos biasa* 502
surgeon: *ahli bedah* 1711
surgery; is — required: *apa perlu dioperasi* 1683
sweet: *manis* 762
SWEETS AND DESSERTS, p. 75
swelling: *bengkak* 1754
swimming: *berenang* 1139; — pool: *kolam renang* 1140
switch (*n.*): *tombol* 696
swollen: *bengkak* 1673
swordfish: *ikan todak* 900

synagogue: *sinagoga* 1078
synthetic: *sintetis* 1337
syringe: *alat suntik* 1454

table: *meja* 697
tablecloth: *taplak meja* 698
taillight: *lampu belakang* 463
tailor: *penjahit* 1638
take: *antarkan* 330; (= measure) *ukur* 1670; (a photo): *ambil* 1469
talcum powder: *bedak talek* 1437
talk (*v.*): *bicara* 129
TALKING ABOUT YOURSELF, p. 5
tamarind: *asam* 824
tampon: *tampon* 1455
tan: *sawo matang* 1323
tangerine: *jeruk kepruk* 990
tape: *pita* 1368; adhesive —: *plester* 1387; masking —: *pita penutup* 1368; Scotch —: *isolasi* 1369
taro (root): *talas* 957; — leaves with coconut filling: *buntil* 921
tax: *pajak* 588
TAXI, p. 26
taxi: *taksi* 186; — meter:

APPENDIX:
COMMON ROAD SIGNS

Tikungan berbahaya.
Dangerous bend.

Belok kanan.
Right bend.

Persimpangan.
Intersection.

Penyeberangan kereta api.
Railroad crossing.

Penyeberangan kereta api tanpa palang.
Railroad crossing without gate.

Stopan di depan.
Traffic signal ahead.

Perbaikan jalan.
Construction.

Penyeberangan.
Pedestrian crossing.

Banyak anak-anak.
Children.

Awas ternak.
Animal crossing.

Jalan menyempit.
Road narrows.

Jalan bergelombang.
Rough road (OR: Bump).

Jalan curam.
Steep hill.

Jalan licin.
Slippery when wet.

Pertemuan (OR: Persatuan) jalur.
Merging traffic.

Jalan dua arah di depan.
Two-way traffic ahead.

Berbahaya.
Danger.

Awas tanah longsor.
Falling rocks.

Stop di persimpangan.
Stop at intersection.

Jalan tertutup.
Closed to all vehicles.

Dilarang masuk.
No entry.

Terlarang bagi pejalan kaki.
Closed to pedestrians.

Dilarang belok kiri.
No left turn.

Dilarang berputar.
No U-turn.

Dilarang menyalib.
No passing.

Kecepatan maximum.
Speed limit.

Dilarang membunyikan klakson.
Use of horn prohibited.

Dilarang parkir.
No parking.

Dilarang berhenti.
No stopping.

Jalan satu arah (OR: **searah**).
One-way traffic.

Tikungan.
Curves.

Bunderan.
Traffic circle (OR: Rotary).

LISTEN & LEARN CASSETTES

Complete, practical at-home language learning courses for people with limited study time—specially designed for travelers.

Special features:

• Dual-language—Each phrase first in English, then the foreign-language equivalent, followed by a pause for repetition (allows for easy use of cassette even without manual).

• Native speakers—Spoken by natives of the country who are language teachers at leading colleges and universities.

• Convenient manual—Contains every word on the cassettes— all fully indexed for fast phrase or word location.

Each boxed set contains one 90-minute cassette and complete manual.

Listen & Learn French	Cassette and Manual 99914-9 $8.95
Listen & Learn German	Cassette and Manual 99915-7 $8.95
Listen & Learn Italian	Cassette and Manual 99916-5 $8.95
Listen & Learn Japanese	Cassette and Manual 99917-3 $8.95
Listen & Learn Modern Greek	Cassette and Manual 99921-1 $8.95
Listen & Learn Modern Hebrew	Cassette and Manual 99923-8 $8.95
Listen & Learn Portuguese	Cassette and Manual 99919-X $8.95
Listen & Learn Russian	Cassette and Manual 99920-3 $8.95
Listen & Learn Spanish	Cassette and Manual 99918-1 $8.95
Listen & Learn Swedish	Cassette and Manual 99922-X $8.95